新时代科技特派员赋能乡村振兴

XINSHIDAI KEJI TEPAIYUAN FUNENG XIANGCUN ZHENXIN

农村 物联网 营销致富知识

NONGCUN WULIANWANG YINGXIAO ZHIFU ZHISHI YOUWEN BIDA

有问必答

山东省科学技术厅
山东省农业科学院　　组编
山　东　农　学　会

王　磊　主编

中国农业出版社
农村读物出版社
北京

图书在版编目（CIP）数据

农村物联网营销致富知识有问必答／王磊主编．—
北京：中国农业出版社，2020.7（2022.4重印）
（新时代科技特派员赋能乡村振兴答疑系列）
ISBN 978－7－109－26976－7

Ⅰ.①农…　Ⅱ.①王…　Ⅲ.①农村—电子商务—网络
营销—中国—问题解答　Ⅳ.①F713.365.2-44

中国版本图书馆 CIP 数据核字（2020）第 107770 号

中国农业出版社出版
地址：北京市朝阳区麦子店街 18 号楼
邮编：100125
责任编辑：廖　宁
版式设计：王　晨　责任校对：赵　硕
印刷：北京通州皇家印刷厂
版次：2020 年 7 月第 1 版
印次：2022 年 4 月北京第 6 次印刷
发行：新华书店北京发行所
开本：880mm×1230mm　1/32
印张：3.25
字数：120 千字
定价：18.00 元

版权所有·侵权必究
凡购买本社图书，如有印装质量问题，我社负责调换。
服务电话：010-59195115　010-59194918

组编单位

> 山东省科学技术厅
> 山东省农业科学院
> 山东农学会

编审委员会

主　　任：唐　波　李长胜　万书波
副 主 任：于书良　张立明　刘兆辉　王守宝
委　　员（以姓氏笔画为序）：

> 丁兆军　王　慧　王　磊　王淑芬
> 刘　霞　孙立照　李　勇　李百东
> 李林光　杨英阁　杨赵河　宋玉丽
> 张　正　张　伟　张希军　张晓冬
> 陈业兵　陈英凯　赵海军　宫志远
> 程　冰　穆春华

组织策划

> 张　正　宋玉丽　刘　霞　杨英阁

序

农业是国民经济的基础，没有农村的稳定就没有全国的稳定，没有农民的小康就没有全国人民的小康，没有农业的现代化就没有整个国民经济的现代化。科学技术是第一生产力。习近平总书记2013年视察山东时首次作出"给农业插上科技的翅膀"的重要指示；2018年6月，总书记视察山东时要求山东省"要充分发挥农业大省优势，打造乡村振兴的齐鲁样板，要加快农业科技创新和推广，让农业借助科技的翅膀腾飞起来"。习近平总书记在山东提出系列关于"三农"的重要指示精神，深刻体现了总书记的"三农"情怀和对山东加快引领全国农业现代化发展再创佳绩的殷切厚望。

发端于福建南平的科技特派员制度，是由习近平总书记亲自总结提升的农村工作重大机制创新，是市场经济条件下的一项新的制度探索，是新时代深入推进科技特派员制度的根本遵循和行动指南，是创新驱动发展战略和乡村振兴战略的结合点，是改革科技体制、调动广大科技人员创新活力的重要举措，是推动科技工作和科技人员面向经济发展主战场的务实方法。多年来，这项制度始终遵循市场经济规律，强调双向选择，构建利益共同体，引导广大科技人员把论文写在大地上，把科研创新转化为实践成果。2019年10月，习近平总书记对科技特派员制度推行20周年专门作出重要批示，指出"创新是乡村全面振兴的重要支撑，要坚持把科技特派员制度作为科技创新人才服务乡村振兴的重要工作进一步抓实抓好。广大科技特派员要秉持初心，在科技助力脱贫攻坚和乡村振兴中不断作出新的更大的贡献"。

山东是一个农业大省，"三农"工作始终处于重要位置。一直以来，山东省把推行科技特派员制度作为助力脱贫攻坚和乡村振兴的重要抓手，坚持以服务"三农"为出发点和落脚点、以科技人才为主体、以科技成果为纽带，点亮农村发展的科技之光，架通农民增收致富的桥梁，延长农业产业链条，努力为农业插上科技的翅膀，取得了比较明显的成效。加快先进技术成果转化应用，为农村产业发展增添新"动力"。各级各部门积极搭建科技服务载体，通过政府选派、双向选择等方式，强化高等院校、科研院所和各类科技服务机构与农业农村的连接，实现了技术咨询即时化、技术指导专业化、服务基层常态化。自科技特派员制度推行以来，山东省累计选派科技特派员2万余名，培训农民968.2万人，累计引进推广新技术2872项、新品种2583个，推送各类技术信息23万多条，惠及农民3亿多人次。广大科技特派员通过技术指导、科技培训、协办企业、建设基地等有效形式，把新技术、新品种、新模式等创新要素输送到农村基层，有效解决了农业科技"最后一公里"问题，推动了农民增收、农业增效和科技扶贫。

为进一步提升农业生产一线人员专业理论素养和生产实用技术水平，山东省科学技术厅、山东省农业科学院和山东农学会联合，组织长期活跃在农业生产一线的相关高层次专家编写了"新时代科技特派员赋能乡村振兴答疑系列"丛书。该丛书涵盖粮油作物、菌菜、林果、养殖、食品安全、农村环境、农业物联网等领域，内容全部来自各级科技特派员服务农业生产实践一线，集理论性和实用性为一体，对基层农业生产具有较强的指导性，是生产实际和科学理论结合比较紧密的实用性很强的致富手册，是培训农业生产一线技术人员和职业农民理想的技术教材。希望广大科技特派员再接再厉，继续发挥农业生产一线科技主力军的作用，为打造乡村振兴齐鲁样板提供"才智"支撑。

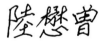

2020 年 3 月

前言 FOREWORD

党的十八大以来，以习近平同志为核心的党中央，将中国特色新型工业化、信息化、城镇化和农业现代化"四化"同步发展作为新阶段重大战略布局。在推动经济社会又好又快发展过程中，把"三化同步"变成"四化同步"，凸显了信息化的突出地位和不可替代的作用。我国高度重视农业农村信息化工作，自 2005 年中央 1 号文件提出"加强农业信息化建设"以来，连续 15 年的中央 1 号文件持续关注农业农村信息化。国家层面连续出台相关规划和政策，各级地方政府也积极进行实践探索，农业农村信息化爆发出前所未有的活力。

随着农业农村信息化的发展，物联网、大数据、云计算、移动互联网等信息技术在农业农村领域得到越来越广泛的应用，在推动农业农村发展中发挥着日益重要的作用。近年来，精准农业、数字农业、智慧农业、"互联网+"农业等现代农业发展模式层出不穷，不断推动农业农村智能化生产、网络化经营、高效化管理和便捷化服务，为农村农业经济和社会发展提供了新的动力。

党的十九大提出了实施乡村振兴战略，描绘了新时代乡村发展的宏伟蓝图。到 2050 年，乡村全面振兴，农业强、农村美、农民富将全面实现。面向农业农村加快普及和应用物联网、大数据、云计算、移动互联网等信息技术，已成为改造提升传统农业、促进现代农业发展和实现乡村振兴的客观需要。

为了帮助广大农业农村从业者，尤其是农民朋友们更好地了解相关概念，进而促进物联网等信息技术在乡村被更加广泛地普及和应用，我们组织编写了本书。本书主要从互联网时代的数字乡村、物联网与现代农业、农村电商与营销致富、信息进村入户助力农民致富四个方面，深入浅出地介绍了一些热点概念和问题，并整理了国家出台的相关政策文件，力争用通俗易懂的语言向大家介绍如何利用物联网等信息技术更好地提高农业生产和农村生活水平。

我们已经进入了信息社会，每个人都应该加强学习、与时俱进，把握信息浪潮带给我们的新机遇和新挑战。信息社会发展日新月异，到处都存在着大量的新机会。广大农业工作者作为乡村振兴的直接参与者和受益者，更应该迎头赶上，掌握新理念，学好新技术，争做发家致富的领头人。本书的出版是多方支持和帮助的结果，感谢山东省农业科学院科技信息研究所的领导和同事们给予的支持和帮助。

限于作者知识水平有限，加之相关技术的实践应用发展迅速、日新月异，书中疏漏之处在所难免，恳请读者批评指正。

编 者

2020 年 4 月

目录 CONTENTS

第三章 农村电商与营销致富

第四章 信息进村入户助力农民致富

第五章　政策支持与法律保障

第一章 互联网时代的数字乡村

1. 互联网在农村的普及情况如何?

根据第 44 次《中国互联网络发展状况统计报告》显示,截至 2019 年 6 月,我国网民规模达 8.54 亿,互联网普及率达 61.2%,较 2018 年底提升了 1.6 个百分点。其中,农村网民规模达 2.25 亿,占整体网民的 26.3%。随着互联网在农村的普及率越来越高,已经成为乡村振兴建设中一股新的中坚力量。借助于互联网的特质,用互联网思维来进行农业生产经营方式的创新,促使农业生产从传统的粗放式经营转移到精准式发展的道路上,从而在本质上提高农业生产效率和农民实际收入,这种新的发展模式也在进一步实施精准扶贫政策。

2. 什么是"互联网+"农业?

"互联网+"农业简单讲就是互联网技术与农业的深度融合,即充分利用移动互联网、大数据、云计算、物联网等新一代信息技术进行与农业相关的生产经营活动,以"互联网+"为依托,不断创新现代农业新产品、新模式与新业态,培育和催生农业发展的新动力,推动我国农业发展搭上"互联网+"的信息化"高铁列车"。"互联网+"行动借助新兴信息技术,为农业生产及经营管理提供精确、动态的全方位信息服务,可极大提升农业生产各环节的智能化程度,使农业从业者的生产、经营和管理活动更加科学化。通过对农业生产全过程的信息感知、智能决策、自动控制和精准管理,优化农业生产资源配置,提高土地、劳动、资本等生产要素的利用效率,实现农产品的增产增收。同时,互联网技术可以突破时空限制,促进农产品线上线下互联互通,加快农产品流通速度,节省流通时间和成本,实现农业产出的有效转化与精准营销。

3. 什么是精准农业?

精准农业是一种针对农业生产环节的管理策略,是指在农业生产过程中充分利用现代高新技术对农作物进行精耕细作,根据田间每一操作单元的具体条件,定位、定时、定量地调整土壤和作物的各项管理措施,最大限度地优化各项农业投入的量、质和时机,在兼顾农业生态环境、保护土地等农业自然资源的前提下,获得最高产量和最大经济效益。精准农业技术由土壤及作物信息获取、决策支持、处方生成、精准变量投入 4 个环节组成,信息获取技术、信息处理与分析技术、田间实施技术是精准农业不可或缺的组成部分,三者有机集成才能实现精准农业的目标。通过农业物联网公共服务体系、农业物联网示范工程、智能农机建设工程等,收集、分析、应用墒情、苗情、灾情和病虫害等大数据,实现对农业生产的精准控制,推动农业由大水、大肥、大药的生产方式向节水、减肥、减药的生产方式转变,促使农业生产迈上可持续、绿色增产之路。

4. 什么是数字农业?

数字农业概念源自数字地球,是数字地球在农业领域的应用。数字农业以网络为载体,以云计算和大数据分析为依托,利用数字化技术对农业(包括种植业、畜牧业、渔业和林业等)生产和管理的全过程进行数字化和可视化表达、设计、控制与管理,用数字化的技术重塑农业,实现现代农业发展要求的高产、优质、高效、生态、安全等目标。农业数据信息资源建设是实现数字农业的基础,农业数据信息主要通过生产环境采集、GPS 采样、智能农机作业、农业遥感等技术手段来获取。近年来,数字农业建设项目的重点更加注重示范带动农业农村整体数字化转型,着力提升农业生产经营和管理服务数字化水平,推动重要领域和关键环节数据资源建设,提高数字农业创新能力,增强数字技术研发推广应用能力。随着数字农业试点项目的建成与示范、重要领域和关键环节数据资源建设的逐步完善,各类适宜农业、方便农民的低成本、轻简化的数字农业技术将会得到大面积推广应用。

5. 什么是智慧农业？

目前，依靠改良品种、施用化肥农药、耕种机械化等手段实现农业高产增收的作用已经有一定局限性，未来现代农业发展的主要潜力是向智慧农业模式和体系的转型。我国在 2014 年提出智慧农业这一概念，一般认为智慧农业是将大数据、物联网、云计算、5S 技术（RS 遥感系统、GPS 全球定位系统、GIS 地理信息系统、ES 专家系统、IDSS 智慧化决策知识系统）等新信息技术应用到"三农"产业发展中，从时间、空间多个角度整合现有农业基础设施，实现农业生产的数字化、智能化、低碳化、生态化、集约化，让农业生产更加"高效、聪明、智慧、精细"。在智慧农业中，利用已经建成的数据采集、传输、分析为一体的农业生产管理系统，实时监测农业生产中播种、浇水、施肥、打药的时间，环境中的空气温湿度、二氧化碳浓度，土壤水分、酸碱度及光照强度等信息，以获取农作物的生长发育情况，并通过动态空间系统对农业生产中现象及过程进行模拟，达到合理利用资源、节约生产成本、提高作物产量、改善生态环境的目的。除精准感知、控制与决策管理外，智慧农业还包括农业电子商务、食品溯源防伪、农业休闲旅游、农业信息服务、农业产业政策管理等方面的内容。

6. 什么是数字乡村？

数字乡村是伴随网络化、信息化和数字化在农业农村经济社会发展中的应用，以及农民现代信息技能的提高而内生的农业农村现代化发展和转型进程，既是乡村振兴的战略方向，又是建设数字中国的重要内容。建设数字乡村，要大力发展农村数字经济，要注意分类推进，最终要让农民受益。在当前环境下，数字乡村服务"三农"建设，对于发展壮大乡村产业经济规模、拓宽农民就业增收渠道具有重要意义。

2014年以来，商务部会同财政部、国务院扶贫办开展电子商务进农村综合示范，累计支持1 016个示范县，其中贫困县737个。重点支持农村物流配送体系和公共服务体系建设，加强农民电商技术培训，提升农产品的规模化、标准化和品牌化水平，补齐农村流通设施短板，为促进农产品上行流通，农村地区就业增收打下良好基础。

7. 互联网时代的数字乡村具体表现形式是什么？

钢架大棚外观别无二致，可大棚里面科技感十足，一部手机网罗各色数据，这是智慧农业；在超市、专卖店，消费者扫描二维码，便会知晓农产品的"前世今生"，背后是全程追溯；老百姓足不出户，琳琅好货触手可及，一根网线还将高品质农货销往全球，农村电商势头正盛；办证件、开证明，农民"最多跑一次"，数据成了跑腿员，公共服务更便捷。如今的农业，数字化的用武之地愈发广阔，在农业智慧应急监管体系中，集结了视频接入、智能管控、产品追溯、监测分析等功能。在海上，有渔船安全救助信息系统、小物标雷达系统等。植物病虫害的监测预警，同样向智能化迈进，还有农业物联网管理、数字牧场等体系相继落地。

打造智慧农业云平台，建立美丽乡村、农村经营、农业主体等数据库；充分运用地理信息技术，集成农业"两区"、标准农田、土地确权、农业主体、种养基地、农业特色小镇等元素，形成相互叠加、互联互通、共有共享的乡村全域电子地图；打造数字田园，加大数字技术应用，推进智慧园艺、智慧畜禽、智慧水产、智慧田管、智慧农资建设。同时，推动农业生产方式数字化，这些都是数字乡村的表现形式。具体案例如下。

（1）福建农村特色生鲜农产品电子商务平台 福建农村特色生鲜农产品借助电商平台销售，通过"鲜果＋订单＋物流"模式，直接面对数量庞大的消费者，降低交易成本，实现农户和消费者双赢。例如，2018 年，漳州全市蜜柚发货 1 003 万件、销售 4 000 万千克，销售额 2.6 亿元以上；平和琯溪蜜柚入选"全国五十强农产品电商品牌"；六鳌蜜薯销售 500 万千克，销售额达 4 000 万元以上，有效提升产品溢价。2019 年第一季度，长泰红心芭乐在天猫、拼多多等平台销售超过 25 万千克。

福建云霄县是省级贫困县，种植枇杷是当地农户重要的收入来源之一，云霄枇杷有"闽南开春第一果"之称，2007 年获得国家地理标志产品；2019 年开春之际，云霄枇杷进行网上鲜果销售活动，1 个月左右时间就带动枇杷网销近 100 万千克，收入在 2 000 万元左右。针对互联网销售，专门对产品进行全新设计包装，融入了时尚的电商元素和品牌故事，并制订方案解决鲜果收购、仓储、人力和运输物流上的问题，保证到消费者手中的都是优质的枇杷鲜果。枇杷的网络售价可达 30～36 元/千克，其中云霄县车圩村、龙透村日网络销售近 1 000 千克。

（2）辽宁省数字化农业经营示范 辽宁省以农业电商代表的农业经营数字化起步较晚，但近年来，结合当地农业品牌优势，农业电商商家数量和销售量都有大幅增长。据不完全统计，2018 年，全省农产品网络销售额 58 亿元，较 2017 年相比增长 30%，农村网店达到 15 家，较上年增长 25%，带动就业人数 20 多万人。盘锦的河蟹、大米，大连的海参、樱桃，鞍山的南果梨，丹东东港的草莓，锦州北镇的葡萄都成为网络销售的知名品牌。多家全国知名的电商企业和平台已经陆续登陆辽宁省，并建立县级电商服务中心、电商仓储物流中心、乡镇级电商服务站、村级电商服务网点，为辽宁省的农产品电商提供良好的公共服务和物流支撑。

（3）重庆市供销"村村旺"电商平台 一物一码、一键溯源、

5

农业物联网平台、"互联网＋金融"等，2019 年 6 月 28 日，全国首个以大数据和交易结算为硬核科技驱动的农村电商综合服务平台"村村旺"在重庆正式上线。"村村旺"上线不到 1 个月，已展现出其科技驱动的优势。截至 7 月 25 日，"村村旺"平台已同全市 36 个区（县）100 余个乡（镇）实现对接，实地走访对接各类基地、厂商等上下游企业 49 家，"村村旺"平台注册用户 238 家，汇聚 36 个区（县）千余种农副产品。"码"上溯源、好产品会说话，数据共享、农民融资不再难，大数据分析、为乡村振兴赋能三大硬核功能正以科技创新为驱动，全力提升技术水平与运营能力，服务"三农"发展，赋能乡村振兴。

(4) 山西太原王吴村"网红经济" 刷抖音、拍视频、做直播、赴外取经等，山西省太原市王吴村通过这些互联网推广手段，成功将王吴村刷进了大众的视野，通过在抖音上的宣传，村里造出了全国第二座"网红桥"，最火的时候，每天都有 1 万多游客。2018 年，王吴村举办了采摘节，还邀请网络红人在抖音里发视频、做直播，让许多外省人慕名而去，"网红村"之名广为传播。"网红"之名给村里带来了人流量，也带动了农业产业的发展与创新。"五一"假期，王吴村推出王吴农场项目，从 5 月 1 日开园认领至 5 月 6 日，短短 5 天时间就有 200～300 份园地被认领。认领人可以做"地主"，在土地上打造属于自己的田园地盘，让城里的孩子接触大自然，让家人的餐桌摆上放心的绿色蔬果。如今的王吴村，加大农业种植结构调整力度，集中全村 530 多公顷的土地进行集中流转，打造太原南城的特色田园综合小镇，还将向日葵、矢车菊、波斯菊等引入田园综合小镇，美化小镇景观。

(5) 浙江丽水松阳县"网络兴村" 浙江丽水市松阳县是一个利用互联网走上兴村之路的典型。松阳县自然环境保护良好，50 多个国家级传统古村落得以完整保存了下来。当地利用网络，定期发布古村落美景，吸引大批摄影爱好者前来，迅速成了全国知名的摄影写生基地。现在每年有超过 50 万的学生和摄影爱好者到此创作。2018 年，松阳还举办了艺术助推乡村振兴——百名艺术家入驻松阳乡村活动。从当初无人问津的衰败小村变成摄友和驴友的梦想天堂，松阳走出了一条"松阳式"的乡村振兴之路。

（6）浙江金华市婺城区美保龙种猪育种基地 在金华市婺城区的美保龙种猪育种基地，最为人称道的不是花园式的猪场，而是"喝着咖啡挑种猪"。底气就来自于这里精细化的管理方式，环境控制和空气净化智能化，供料、饮水、控温、生产性能的测定则全都实现了自动化，猪就像生活在别墅里，不仅少生病、长得快，而且大大减少了人工成本，养殖效益自然明显。

8. 国家提出数字乡村战略的原因有哪些？

农业农村部原副部长屈冬玉在 2018 年 11 月召开的数字乡村发展论坛上曾说，在信息化与农业农村现代化的交汇期，在"网络强国＋乡村振兴""数字中国＋乡村治理""数字经济＋共同富裕"时代背景下，实施数字乡村战略是历史与现实的必然选择。近年来，我国加快了农村信息基础设施建设，移动互联网和智能手机在农村加速普及，农业电子商务风起云涌，农村电子政务发展迅速。农业农村生产智能化、经营网络化、管理数据化、服务在线化水平大幅提升，实施数字乡村战略的条件已具备。

党的十九大作出建设网络强国、数字中国、智慧社会的战略决策。为贯彻落实党中央决策部署，中央网信办会同国家发展改革委、工业和信息化部、农业农村部开展调查研究，听取各方面意见建议，研究起草《数字乡村发展战略纲要》，加强顶层设计和整体规划，加快弥合城乡"数字鸿沟"，推动数字乡村建设发展，形成乡村振兴新动能。

9. 什么是数字乡村战略？

发展数字乡村，是贯彻落实习近平新时代中国特色社会主义思想的重要举措，是践行数字乡村战略和"三农"工作重要部署的重点任务。数字乡村战略是国家对农业农村信息化建设的整体布局，既是乡村振兴战略的重要组成部分，也是建设数字中国的重要内容。当前，信息和数据日益成为重要的生产要素和战略资源，在实施乡村振兴战略的进程中，必须把数据和信息融入乡村振兴全过程，让互联网在农业生产中的应用不断深化，使信息化在农村社会的影响不断扩大。

数字乡村战略的提出显示了国家在推动农业信息化和农村信息化统筹发展、城市信息化和乡村信息化融合发展方面的坚定决心。以农民需求为导向，把数据和信息融入乡村振兴全过程，让农民在数字化大潮中紧跟步伐，走出一条信息化驱动的农业农村现代化道路。农民收入持续增长，农村市场不断扩大，各类资本看好农业农村，均有利于数字乡村战略的实施。

10. 什么是农村数字经济？

建设数字乡村，要大力发展农村数字经济。在生产领域，要因地制宜发展"互联网＋"特色主导产业，带动和辐射乡村创业创新；在流通领域，要推进电子商务进农村，推动人工智能、大数据赋能农村实体店，促进线上线下渠道融合发展。总体看，要以数据链提升农业产业链和价值链，支撑农业转型升级和农村高质量发展，促进小农户与现代农业发展有机衔接。

在农村数字经济发展的过程中，电子商务企业自然是排头兵。自 2015 年伊始，农村电子商务发展得如火如荼，不少优质农副产品搭上了电商快车，在网上进行售卖，畅销全国。农村电子商务不断成为转变农业发展方式的重要手段，也成为政府精准扶贫的重要载体。

11. 数字经济为农民带来的实惠有哪些?

据中国互联网协会发布的《中国互联网发展报告2019》显示,我国2018年农业数字经济占行业增加值比重为7.3%,较2017年提升0.72个百分点,农业数字化水平逐年提高,发展潜力较大。建设数字乡村,发展数字经济,最终要让农民受益。农民是乡村的主人、农业生产的主体,自然也应当是数字乡村战略的受益者。建设数字乡村,既通过互联网把工业品送到农村、活跃农村供应、方便农民生活,又帮助农民实现优质优价,让农产品进城、方便农民生产。不论是移动运营商还是互联网电商,不论是传统工商资本还是金融企业,只要真心实意地投身数字乡村建设,都要欢迎,这就是信息惠农的过程。

(1) **电商扶贫,农产品出村进城** "鼠标一点,农产品出山"早已不再是星星点点,已成燎原之势。尤其是通过"物联网+互联网"、线上线下互动、城乡互通等多种销售模式,让偏远贫困乡村的优质农产品卖出了好价钱,让农民群众得到了实惠。电商扶贫成为帮助贫困地区群众脱贫致富的一种路径与模式。传统农业与电子商务的融合发展,可以促进传统农产品生产企业、农民专业合作社电商化,形成"企业+基地+网店"和"协会+合作社+网店"等模式,有效破解"小农户与大市场"对接的难题,推进了农货出山、网货下乡。

(2) **"互联网+"生活进农村** 乡村信息基础设施建设,大幅提升了乡村的网络设施水平,宽带通信网、移动互联网、数字电视网和下一代互联网持续发展,先进的信息技术和设备推进农村地区广播电视基础设施建设和升级改造。乡村基础设施数字化转型,智慧水利、智慧交通、智能电网、智慧农业、智慧物流建设齐头并进,这些建设意味着农村地区也跟着互联网的更新换代节奏,农村生活将迎来"大升级"。

(3) **农业技术供给更充分** 农机装备行业发展工业互联网,提升农业装备智能化水平,信息化与农业装备、农机作业服务和农机管理融合应用,智能农机让田间作业不再困难。随着农业科技信息服务的不断优化，建设了一批新农民新技术创业创新中心，推动产学研用合作。建立农业科技成果转化网络服务体系，支持建设农业技术在线交易市场。农业科技信息服务平台日益完善，农民遇到生产难题可以在线寻求技术专家的帮助。专业的农技指导将以更便捷的网络交流方式实现，又快又直接。

（4）乡村生态网络监测使环境更美好　推广农业绿色生产方式，建立农业投入品电子追溯监管体系，推动化肥农药减量使用。农村物联网的建设，实现了实时监测土地墒情，促进农田节水。现代设施农业园区的建设，促进了发展绿色农业的发展，乡村生态保护信息化水平得到不断提升。全国农村生态系统监测平台的建设，将统筹山、水、林、田、湖、草系统治理数据，强化农田土壤生态环境监测与保护。倡导乡村绿色生活方式，农村人居环境综合监测平台的建设强化了农村饮用水水源水质监测与保护，实现对农村污染物、污染源全时全程监测。引导公众积极参与农村环境网络监督，共同维护绿色生活环境。

12. 农民如何才能在数字乡村的浪潮中不掉队？

建设数字化乡村，和每个人都有关系，农民朋友肯定也不能只当看客。其实，在建设数字化乡村的过程中有大量的新机会。数字化的过程需要大量的基础设施建设，建筑、物流和相关配套服务行业也存在巨大商机，很多农民朋友其实对这些领域非常熟悉，现在建设的重点就在家门口，大家当然可以积极地投身其中，不仅服务公共设施建设，还能让自己腰包更鼓。数字化乡村建设好之后，农民朋友们还需要把这些新功能用好，这也是一项重要的任务，只有充分利用，才能让基础设施发挥最大的效能，把这些数字化的新设施用好的同时，也能让自己的生活质量有可见的提升。数字乡村发展建设过程中存在大量新机会，广大农民朋友在数字化潮流中更要迎头赶上，掌握新理念，学好新技术，争做数字乡村建设的领头人。

第二章

物联网与现代农业

13. 什么是物联网技术?

进入 21 世纪以来，随着感知识别技术的快速发展，以传感器和智能识别终端为代表的信息自动生成设备可以实时准确地开展对物理世界的感知、测量和监控，由此诞生了一类新型的网络——物联网。物联网最初被描述为物品连接互联网，实现智能化识别和管理，而现今已完全超越了互联网的范畴，通过对物理世界信息化、网络化，实现了物理世界和信息世界的整合。

14. 为什么要使用物联网技术?

共享单车已经成为生活中最常见的交通工具，而这正是物联网的典型应用。共享单车内部一般都有可以定义自身和联网的模块，当扫描共享单车的二维码时，并不是直接和该共享单车内部的系统通信，而是和共享单车的云端服务通信，云端服务与共享单车通信之后会拿到共享单车的开锁密码，云端服务将密码告诉用户，用户使用密码开锁。

由共享单车可以看到，物联网的意义不仅仅是在传统的工作中节省人力，更是创新性的解决社会生活中的问题。实际上，在物联网诞生的初期，人们对物联网的想象仅仅是通过网络遥控家庭的电器，如冰箱、空调等。而现今，物联网已经充斥在生活的方方面面。未来，随着 5G 技术的推广和普及，物联网会更多地进入普通百姓的生活中。例如，会通过智能音箱告诉你当前的气温以及穿衣保暖的建议；会在你来到家门口的时候通过摄像头自动的开门，会打开窗帘，会将空调调整到合适的温度；会检查你家庭的用电安全、用水安全、用气安全；会在你不在家时检查是否有人进入家中并将视频传输到你的手机上。

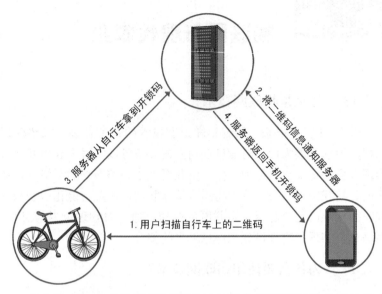

2. 将二维码信息通知服务器

3. 服务器从自行车拿到开锁码

4. 服务器返回手机开锁码

1. 用户扫描自行车上的二维码

在农业中，农业物联网可以通过各种监控仪器以及自动化设备（浇水设备、施肥设备）来对农作物的生长进行管理。例如，可以监测大棚内的温湿度和光照强度，当湿度过高会自动打开通风设备，当光强过高会自动降帘。不仅如此，正如前面所说的，物联网也许会在某些领域创新性地改变我国农业的生产方式，这不仅需要了解物联网技术，更需要对农业生产有深刻的体会。

15. 什么是现代农业？

作为发展经济学概念的现代农业指智慧农业，是与工业 4.0 或后工业时代对称的农业现代化。现代农业不同于农业产业化，也不同于农业工业化，而是智慧农业，是智慧经济为主导、大健康产业为核心的自动化、个性化、艺术化、生态化、规模化和精准化农业。现代农业是健康农业、有机农业、绿色农业、循环农业、再生农业和观光农业的统一，是田园综合体和新型城镇化的统一，是农业、农村、农民现代化的统一。现代农业是现代产业体系的基础。发展中国家发展现代农业可以加快产业升级、解决就业问题、消灭

贫困、缓解两极分化、促进社会公平、消除城乡差距、开发国内市场、形成可持续发展的经济增长点。现代农业是发展中国家农业发展的必由之路，是发展中国家实现赶超战略的主要着力点。我国发展现代农业是解决"三农"问题的根本途径，是经济可持续发展、实现赶超战略的根本途径。

16. 物联网提升现代农业水平的途径是什么？

简而言之，现代农业是相对于传统农业而言的，重点是利用现代技术提升农业水平，这些技术涵盖现代社会发展的方方面面，包括：信息、机械、电气、生物、化学、管理、物流技术等。对于农村和农民来说，主要面向的是农业的生产过程，对此影响最大的是信息、机械和电气技术，而物联网技术又是这些技术未来发展的方向。

通过物联网，能在农业环境中布置温度、湿度、二氧化碳浓度、光照强度等多种类型的传感器，采集农业生产中方方面面的数据。一直以来，我国农业生产很大程度依赖于农民的经验，这种方式难以传承，也不利于推广，对农业生产者的精力和体力也是极大的负担。而通过物联网对农业采集数据，可以将以往依靠经验的生产方式转变为依靠数字信息的生产方式，有了信息，就可以把这些信息通过大数据技术、人工智能技术"加工"成机器可以听懂的语言，让机器可以自动进行农事操作。

总之，物联网是联通信息化与传统农业生产的桥梁，只有通过信息将农业武装起来，才能借助信息技术快速发展的东风，带动农业腾飞。

17. 物联网近年来有什么发展？

物联网是涉及电子、通信、计算机等多学科和领域的复杂系统，可以说是现代信息技术的集大成者，信息技术在各个学科的发展都可以对物联网技术产生推进作用。依据信息学的基本研究内容，即信息的获取、处理、传递和利用，物联网技术可以分为感知层、传输层、处理层和应用层。

感知层从现实世界中获取信息，常见的技术有二维码、RFID和各种传感器技术。之后，需要把分散的感知节点获取的数据整合起来，这就需要传输层发挥作用。传输层要解决传感器组网、数据传输速率和功耗等多种问题，才能使感知层获取的数据有效传递到信息平台。由于感知节点数量众多，采集频率也比人快得多，这些数据往往具有非常大的数据量，又会夹杂许多错误数据，因此，需要对这些数据进行信息处理，这就是处理层的工作。处理层从大量的物联网数据中分析得到人类可以理解的直观展示或是机器可以识别的指令，从而使数据发挥作用。事实上，目前，物联网系统已经成型了，但是要让物联网技术真正服务人类，还需要针对各行各业的需求产生针对性的应用方式，这就是应用层了。

近年来，遥感、5G、大数据和人工智能、区块链技术发展如火如荼，这些技术分别能够在感知层、传输层、处理层和应用层对物联网技术产生重要的作用。

18. 什么是5G?

5G 是第五代移动通信技术（5th generation mobile networks）的简称，也是继 2G（GSM）、3G（UMTS、LTE）和 4G（LTE‐A、WiMax）之后新一代的移动通信技术，随着我国企业在 5G 技术上的推进，相信很快 5G 技术将进入千家万户的日常生活中。同时，对习惯了 4G 技术的人们来说也会存在一个疑问，如果说 5G 仅仅是比 4G 的速度更快了，那有必要升级到 5G 吗？毕竟对于很多人来说，4G 的传输速度已经足够满足资讯、交易、支付乃至短视频、直播等绝大部分应用的需求了。

事实上，5G 有三大应用场景：①增强型移动宽带；②海量物联网通信；③低时延、高可靠通信。如果说，增强型移动宽带是人们普遍认知上的 4G 到 5G 的传输速度升级，那后面两个场景则是扫清了物联网普及的障碍。由于解决了功耗问题，物联网芯片不仅可以放到电子设备上，甚至可以放到你能想到的任何物品上：垃圾

桶、水表甚至衣服，一节纽扣电池就可以让它工作 1 年甚至更久。它能承载海量物联网设备通信，则可以使家庭的所有物品都纳入物联网。这些物联网应用恐怕会比传输速度的提升对社会产生更为深远的变革。无人驾驶、虚拟现实、智慧城市、工业 4.0，这将是 5G 技术所引领的未来。

19. 什么是遥感?

遥感泛指一切无接触的远距离探测，现在一般指由卫星或飞机通过观测地面物质成分在不同波段电磁波下的光谱吸收和反射特征，从而获取目标的某些特性并加以分析的技术。农业遥感技术具有覆盖面积大、重访周期短、获取成本相对低等优势，对大面积露天农业生产的调查、评价、监测和管理具有独特的作用，能够解决农业作物种植种类分散、地域复杂的难题。农业遥感的收益约占遥感应用总收益的 70%，可分为四大研究方向：农业资源调查、农作物估产、农业灾害预报、精准农业。

20. 什么是大数据和人工智能?

当人类进入信息时代，整个社会创造和掌握的信息呈爆炸式增长，超越了以往所有时代的总和，大数据技术由此诞生。从概率角度讲，当数据量小的时候，呈现出随机性，而当数据量达到一定量级，就会呈现固定的规律。这就类似于抛硬币，当抛的次数少时，也许会出现正面和反面的次数相差过大的情况，而当抛的次数趋于无限多时，出现正面和反面的概率一定会趋于一致。由此，当拥有了海量的数据，便可以从中挖掘出以往无法发现的珍贵信息。以上只是理想情况，实际上，当数据量增大以后，会带来许多麻烦的问题。比如，数据存储问题，单台服务器无法承载大数据的存储和运算，由此产生了分布式架构；处理器的串行运算处理大数据需要消耗大量的时间，于是有了并行运算；数据量增大同时会带来大量的无用和错误数据，需要对这些信息进行过滤和挖掘，便有了数据处理和挖掘技术。很多时候，大数据挖掘并不能得到有用的信息，毕竟有些事件是完全随机的，但是由大数据技术诞生的技术分支，催生了很多领域的发展，如人工智能。

人工智能是使人类制造的机器产生类似人的智能，这是人类一直以来的梦想，从计算机诞生之初便伴随着计算机技术的发展。人工智能因为理念的不同分为三大流派：一是符号主义，认为实现人工智能必须用逻辑和符号系统，根据专家知识建立的专家系统，能够根据不同的情况在已有的规则下输出结果，这一度引领了人工智能技术的发展；二是行为主义，希望从模拟动物的"感知-动作"开始，最终复制出人类的智能；三是连接主义，通过对人脑研究获得的启发，构造人工神经网络，通过多层信息传递逐步挖掘数据呈现的规律。近年来，符号主义和行为主义纷纷处于瓶颈。而由于数据量的扩大和计算机运算能力的提升，神经网络可以扩展到更多的层级，彻底释放了神经网络的强大能力，由此诞生的深度学习技术，带来了近年来人工智能技术的大发展。人脸识别、无人驾驶、语音助手、智能翻译等，人工智能正在悄然改变着我们的生活。

对于农业来说，大数据和人工智能技术有望解决农业中一直以来存在的瓶颈问题，但是也需要数据的支撑，这需要在农业数据的收集和整理上花费心血。

21. 什么是区块链？

2008 年，国际金融危机爆发。同年 11 月 1 日，中本聪（笔名）发表了《比特币：一种点对点的现金支付系统》的论文，基于 P2P 技术和加密技术，提出了一种不需要金融机构的交易系统。论文中首次提出了区块链技术，近年在以比特币为代表的虚拟币备受关注的同时，作为比特币底层技术的区块链技术也获得了爆发式的发展。在传统的交易中通常需要一个中心节点记账，一方面，中心节点提供信用体系让各方可以信任；另一方面，中心节点记账可以防止多次结算。但这样的缺点也是明显的，如果中心节点出现问题，那么整个经济体系就会崩溃，比特币的起源就是无政府主义者（主要是 IT 从业者）对华尔街作恶引发了 2008 年金融危机。因此，中本聪在设计比特币时遵循去中心化的思想，为了解决无中心节点的记账问题，通过分布式技术，全网共同维护唯一一条交易链，链的每个节点即为一个区块，每个区块记录当前交易的信息和前面、后面交易的地址，每发生一笔交易就在交易链上延伸一个区块，全网更新该交易链，这条交易链也叫区块链，以此延伸的技术就是区块链技术。基于这样的设计思路，区块链具有以下几个特点。

（1）**去中心化**　区块链通过密码学和共识机制提供信任机制，不需要中心化的管理机构。

（2）**自治性**　区块链系统内部采取统一协商管理，整个操作规范和协议操作能够在安全的环境中进行交换。

（3）**开放性**　区块链的数据对所有人公开，任何人都可以通过公开的接口查询区块链数据和开发相关应用。

（4）**信息不可篡改**　全网所有节点备份区块链数据，除非能够同时控制住系统中超过 51% 的节点，否则单个节点上对数据库的修改是无效的。

这些特点可以用来解决农业物联网中的问题，或者是创造新的应用场景。比如，区块链的不可篡改性，可以用于农产品追溯，防止中间过程的数据篡改，解决食品安全问题；区块链还可用于农村土地产权的登记，降低以土地为主的农业贷款的审批难度，有利于农村的中小经营者。目前，区块链技术还处于发展阶段，需要结合区块链的特点和农村农业的实际需求，才能使区块链真正服务于农村农业。

22. 什么是智慧大棚？

智慧大棚系统可以实现对大棚中大气、土壤环境的实时监测以及大棚内人员出入和农作物生长状态的全天候监控，并实现依据监测信息自动灌溉和告警提示，经 Mesh 宽带网络互联，实现大范围农业大棚群的监测与管理。例如，通过物联网把大棚所有的设备，包括各类传感器、摄像机、电动卷帘、排风机和电动灌溉系统等控制设备统统连接到互联网，农民足不出户就能通过手机和电脑远程查看大棚的温湿度等各类环境数据和摄像机传输来的影像画面，还能远程操作进行浇水、通风。当大棚温度过高时不仅手机会收到报警，大棚还会自动打开通风机或者降下草帘，维持作物生长的适宜环境。在物联网信息的加持下，以往的经验都将以数据的形式呈现，农事操作也会变得标准化，农业专家积累的经验、学术研究的成果，都将转化为自动化操作的模型，即便是农业的门外汉，也能在智慧系统的辅助下进行农事操作。

23. 什么是农产品智慧物流？

新鲜的蔬菜刚从大棚里采摘装箱，便贴上二维码标签，二维码标签指向蔬菜的电子档案，记录了这批蔬菜的生长时间、产地、施肥用药情况。此后货运车来运送蔬菜，司机会把车辆信息录入蔬菜的电子档案，才开始运输，车上的 GPS 会实时记录行驶轨迹，此时接收方已经可以查看货品的行走路径。接下来，蔬菜进入当地的仓库、农贸市场或者超市，也会有专人通过手持设备或者手机 APP 录入新的入库、质检、上架信息，消费者看到蔬菜，扫一扫二维码，就能够查询到货品从生产到流通的全过程。

以上这就是最直观的农产品智慧物流。由于网络购物的发达，我国人民应该对智慧物流并不陌生，很多人已经习惯了从手机上盯

着网购的物品运送到哪儿了。不过，智慧物流的含义不仅包括消费者角度的体验，还包括从社会资源利用的角度，通过大数据和机器学习的手段，提高物流系统分析决策和智能执行的能力，使物流系统更加高效和智能化。

对于农产品来说，一般有时效、温度、检验检疫的要求，因此，在智慧物流的系统设计上更加复杂，才能保证老百姓能够吃到更加安全、新鲜的食品。

24. 未来物联网的发展状态是什么？

5G 技术的普及会极大带动物联网技术的发展，如果说 4G 时代的典型应用是短视频和直播，那 5G 时代的典型应用一定是物联网。未来一定是万物互联的时代，几乎所有的物品都将纳入物联网中。试想，家庭所有的物品都通过物联网连接，清晨叫醒你的不是闹钟，而是窗帘自动拉开洒进来的阳光；你可以通过语音助手呼叫厨房设备为你准备早餐，而楼下无人驾驶的汽车已经等候着送你上班等。5G 时代的物联网将通过这些无法想象的颠覆式应用重构人类的生活，也会在工业、教育、交通、医疗、农业和社区管理中大放异彩。

25. 未来农业的发展状态是什么？

人力与畜力为主的传统农业是农业 1.0 时代；隆隆作响的机械化农业是农业 2.0 时代；高速发展的自动化农业是农业 3.0 时代；未来的农业 4.0 时代将是以无人化为特征的智能农业。

农业 4.0 是资源软整合的农业互联网时代，农业通过网络、信息等进行资源软整合，在物联网、大数据、云计算、人工智能和机器人基础之上形成智能农业。农业 4.0 是利用农业标准化体系的系统方法对农业生产进行统一管理，所有过程均是可控、高效的，真正实现无人化作业；农业服务提供者与农业生产者之间的信息通道通过农业标准化平台实现对等连接，使整个过程中的互动性加强。农业 4.0 时代增加资源的技术含量，提升农业生产效率和质量。

农业 4.0 时代中现代信息技术的应用不仅仅体现在农业生产环节，它会渗透到农业经营、管理及服务等农业产业链的各个环节，使整个农业产业链智能化，农业生产与经营活动的全过程都将由信息流把控，形成高度融合、产业化和低成本化的新农业形态，使现代农业转型升级。土地产出的不再是农残超标、品质一般的农产品，取而代之的是质量的全面提高，使其成为更接近自然的高端产品。因此，农业 4.0 时代是现代农业的更高阶段，是无人化智能农业的集中体现，随着技术的进步，可能会出现农业 4.0 时代的初级、中级、高级和终级等不同时期。农业 4.0 时代是智能化技术在农业全领域、全产业、全链条的应用，体现的是无人化智能应用的"广"。农业 4.0 时代目前在全世界范围看，是"小荷才露尖尖角"，是某个领域、某个环节、某个局部地点开展的科学试验，中国进入农业 4.0 时代的时间可能要到很久之后。

第三章

农村电商与营销致富

26. 什么是农村电商?

电子商务是指以信息网络技术为手段,以商品交换为中心的商务活动。也可理解为在互联网、企业内部网和增值网上以电子交易方式进行交易活动和相关服务的活动,是传统商业活动各环节的电子化、网络化、信息化。以互联网为媒介的商业行为均属于电子商务的范畴。

农村电商即农村电子商务,是电子商务与农村经济结合的产物,是实现传统的农村商务流程电子化和数字化的手段,是围绕农村的农产品生产、经营而开展的一系列电子化的交易和管理活动,包括农业生产管理、农产品网络营销、电子支付、物流管理以及客户关系管理等。它是以信息技术和网络系统为支撑,对农产品从生产地到顾客手上进行全方位管理的过程。

服务农民是农村电商的核心要点。2015 年 10 月 14 日,李克强总理主持召开国务院常务会议,决定完善农村及偏远地区宽带电信普遍服务补偿机制,缩小城乡数字鸿沟;部署加快发展农村电商,通过壮大新业态促消费、惠民生;确定促进快递业发展的措施,培育现代服务业新增长点。此后,阿里巴巴、京东等大型电商企业相继布局农村电商。农村电商通过网络平台嫁接各种服务于农村的资源,拓展农村信息服务业务、服务领域,使之兼而成为遍布县、镇、村的"三农"信息服务站。作为农村电子商务平台的实体终端直接扎根于农村、服务于"三农",真正使"三农"服务落地,使农民成为平台的最大受益者。

电子商务让农业生产与市场需求信息更对称,通过市场需求倒逼调整农业产业结构、提升农产品品质,通过农产品网上销售,创新农业生产方式,农村电商的发展为农业农村发展提供了新的空间。从业务范围看，农村电子商务包含网上农产品市场、特色产品经济、特色旅游、招商引资等主要内容。其中：网上农产品市场通过网络购物平台展示传递农产品供求信息，传递市场行情和产业动态，并通过网店、微商、直播等手段销售农产品。特色产品经济则是宣传各地（尤其是农村）的特色产品，包括地理标志农产品、特色产业、名优企业等，通常与品牌营销联系密切，可加快地方特色经济发展。特色旅游则是依托当地旅游资源，与"美丽乡村"建设密切结合，通过宣传、推介、门票直销等方式扩大乡村旅游知名度和影响力。招商引资则需要政府部门介入，通过与大型电商企业合作，搭建诸如"淘宝镇""淘宝村"之类的电商销售平台，促进整村、整镇、整县的电子商务发展。

27. 农村电商带动农民致富的途径有哪些?

农村电商的出现，彻底改变了以往传统的农业生产经营模式，实现了农户与消费者的直接对接，在扩大产业价值，降低成本，拓宽销售渠道等方面为农业产业带来增值，带动农民致富。

(1) 扩大产业价值 传统农业产业中的产前（科研、农资、土地流转等）、产中（生产、收获等）、产后（加工、储运、销售等）组成了一个庞大的农业产业链，链条上每一个步骤都可以产生巨大的价值，形成价值链。农村电商的出现，改变了传统价值链的各个环节，通过抽取每个链条节点上的数据信息，实现整个价值链的信息共享。如此一来，农业从业者可以根据自身需要，针对性地开展业务，使得价值链效率和价值增值空间加大，扩大农业产业价值。例如，苹果客商可以根据权威部门公布的市场预测信息，决定是进行仓储还是直接销售，以实现自己受益最大。

(2) 降低成本 省去多余中间环节，避免麻烦，就是降低成本。一方面，农民种、养出的产品能直接通过网上销售等方式直达商超、消费者个人等终端，省去以往客商收购、摆摊零售的困扰，直接降低了中间的"交易成本"。另一方面，尤其对未采用线上、线下结合的 O2O 经营模式的零售企业或店铺销售农产品的从业者而言，地租、店铺租赁费用高昂。采用电商方式，可以免除这方面支出，大大降低经营成本。据统计，在传统的商业模式中，产品从订货到出售过程中的费用占成本的 18％～20％，而利用电子商务手段后，这一费用比例可降至 10％～12％。

（3）拓宽销售渠道 "滞销卖难""优质不优价"等词汇这些年在农业圈子里非常火热。农民朋友们辛苦生产出的产品却卖不出去，或者卖价达不到预期，其根本原因是不同地区人们之间的信息不对称，传统的"酒香不怕巷子深"已经不适用于当今社会。例如，A 地番茄生产多了，卖不出去，而 B 地却紧缺番茄，买不到；A 地生产的番茄质量高、品种好，却又因为农产品本身很高的同质性而卖不上高价。农村电商的出现，使得人与人之间的信息获取对称了起来，农产品多了网络销售的渠道，B 地消费者可以在网上购买 A 地卖不出去的番茄；A 地质量好的番茄可以在网上进行品牌宣传，为大家熟知，最终实现优质优价。

28. 农村电商未来的发展趋势是什么？

从现阶段农村电商的发展情况看，其发展还有许多被制约的地方。例如，地方偏僻、家里老年人不会网购、农产品上行同类化产品过多导致产品单价过低等。从某种意义上讲，农村电商是个系统化工程，需要各方面的人才、政府部门大力协同发展可能才会看到一些实际效果。需要对地域和产品作出相应的对策，因地制宜发展，在摸索中求创新。

未来，在政府的层面看，农村电商的政策发展方向有以下几点。

（1）向县域电商发展 加强县域农村电商的推广力度，加大农村电商网点的覆盖面。三年多的农村电商大潮，真正让乡亲们了解到电商是什么，对他们的影响。但是真正想改变传统，发展农村电商，需要持续推广、普及电商。

（2）向农村物流建设发力 让农村电商的物流网络覆盖从行政村深入到各个自然村，让每个地方的农民都能享受到国家政策的红利,构建辐射范围在县、镇、村一级的农村电商智慧物流体系。

(3) 向品牌化方向引导 加大对农村电商品牌的扶持,从政策上引导更多有情怀、有志向、有能力的青年回乡发展农村电商。

从市场的层面看,农村电商的市场化发展趋势:一是信息技术的深入运用,物联网、大数据、云计算等新技术的发展,促使农村电商向多样化以及国际化发展。二是电商细分市场专业化,各类专业的服务类电商即将入场,农村电商的服务环境将会进一步改善。三是产业链不断延伸,随着农村电商上下游企业的入场,让全国农村电商的产业链不断延伸,加速推进传统企业转型。四是销售模式的颠覆性变化,借助线上线下结合的新模式(O2O),实体市场可以实现华丽转身。

农村电商从提出到转变已有几年时间,效果不明显的原因跟农村的消费和地域有很大的关系,农村地区的人口也决定着电商是否能做起来。农村地区普遍现象为只剩下老年人和孩子,年轻人都去外地,这样就导致农村消费的局限性。一般称之为电商下行,购买力决定着下行和物流能否走进农村市场。尤其是国家的供给侧改革给农村电商发展带来了机会,当然抓住机会才行。

未来的电商对城市还是对农村而言都是没有局限的,只是地域不同,在实际操作中寻求自己的一套方法或许才能取胜。农村电商发展会越来越快,一些产业资本会向农村电商发展,例如,淘宝的村淘、京东的农村服务站等。无论是资金技术和人才都正在向农村电商流动。农村电商的发展很快就会步入快车道。

29. 电子商务主要经营模式有哪些?

目前,国家对电子商务经营模式有着很明确的标准规范。引用《电子商务模式规范》(GB/T 36310—2018)中的标准,电商主要经营模式有 B2C 模式、B2B 模式、C2C 模式、O2O 模式这 4 种模式。对于农村电商而言,目前,B2C、B2B 模式是农村电商采用的主要经营模式,C2C 模式和 O2O 模式次之。在实际经营过程中,农业从业者应根据自身需求,灵活选择适合自己的经营模式,才是利用农村电商实现致富的前提。

30. 农村电商 B2C 模式是如何经营的?

B2C 模式,即组织与个人之间进行交易的电商经营模式。在 B2C 模式下,支付服务商应为参与电商交易的组织(经销商、批发商、客商、合作社、能人大户、政府部门等)和个人(消费者)提供货到付款、第三方支付(支付宝、微信等)、汇款(银行卡转账)等支付服务;物流服务商应提供电商平台物流服务(京东物流等)或第三方物流(顺丰等)。

通俗讲,B2C 模式就是商家针对客户开展的电子商务活动,一般为网络零售业所使用,在农村电商中也是如此。例如,客商收购农民生产的农产品后,在淘宝网开网店向消费者售卖农产品,买家在线拍下商品,卖家打包商品,找物流企业把商品发出,由物流快递人员把商品派送到买家手上,完成整个交易过程。在农村,客商、批发商等代理销售者收购农民产品后集中销售,或者合作社集中带动农户的产品统一销售,是最为常见的经营模式,也为 B2C 经营模式的开展创造了有利条件。经销商、批发商、客商、合作社、能人大户等在收购农户产品后,通过农村电商渠道售卖产品,其实就是电商中的网络经销商角色。

(1)**B2C 模式的优势** 一是借助淘宝等第三方电子商务平台,使用已经相对成熟的交易规则、支付手段及信用评价机制,减少了重新建立和维护交易平台的费用,更加方便、安全和廉价。二是将部分特色农产品的销售范围扩大到全国各地,实现了区域生产与全国市场的对接。三是解决了部分农户不能上网而不能参与电子商务的问题。

(2)**B2C 模式的劣势** 一是有中间环节,或成为不稳定因素。二是农户通过网络经销商与销售平台产生联系,农户与网络经销商之间的关系复杂,可能是一次性的交易联系,也可能是长期的关系,这种关系可能有契约的约束,也可能仅仅是口头约定,双方之间的关系由双方的经营状况决定,并不稳定。三是对于农户而言是单向的销售,农户并不能通过此模式享受电子商务在买入方面的好处。四是网络经销商多为自发形成，其行为往往受自身的实力和意愿支配，往往限于较小的范围，不能惠及全部区域。

示例

中闽弘泰铁观音旗舰店

2019年5月，福建省安溪县茶农王大伟兄弟在淘宝商城开了中闽弘泰铁观音旗舰店，出售当地产出的优质铁观音，以优质货源和低廉的价格为网店的亮点，仅仅两年多的经营，网店年销售额达到1 000多万元，客户群过20万，网店知名度越来越高，开始形成品牌。2019年，王大伟组织当地茶农成立了中闽弘泰茶叶专业合作社，合作社实行"五个统一"管理，保证提供优质铁观音，获取更多的效益的同时，让更多的农民受益于中闽弘泰铁观音旗舰店。

---

31. 农村电商 B2B 模式是如何经营的？

B2B模式，即组织与组织之间进行交易的电商经营模式。通俗讲，就是商家与商家之间通过互联网进行产品、服务和信息交换的营销模式。在农村电商中，这种模式一般适合于体量较大的农产品交易行为、合作经营行为、农技培训行为等，例如，上、下游涉农企业开展网络产销对接会，与培训机构合作开展农技培训等。这种模式下，除支付服务是必须之外，商家之间的交易行为可不受物流服务商的限制，只要交易达成，便可实现双方获益，极有利于减少中间成本，但须警惕违约风险。

现阶段，农村电商的B2B模式通常是由政府或者具有较强实力的平台企业等牵头，与其他企业、机构或个人合作，为农户、大户、合作社提供在农资、农机具、产销对接、农技培训等方面的产品、服务。

(1)B2B 模式的优势 一是惠及整个区域范围的所有农户，在最初的规划中，就是以区域内所有的农户作为服务对象，不管其经济水平、知识文化水平如何，都可以享受这种服务。二是政府和平台企业的介入，弥补了农民上网与营销水平低下的问题，可以更有效地促进农村电子商务发展。三是平台企业介入，负责代购和代销，集体运输，解决了困扰农村电子商务多时的物流配送问题。四是参与各方基本利益一致，各取所需，实现共赢。农民希望通过电子商务解决"买难卖难"等问题，在提高自己收入的同时，获取丰富而廉价的生活生产物资。平台企业希望网上销售能够繁荣，获得良好的声誉和用户覆盖度，从而获得丰厚的服务收入和广告收入。政府希望可以推动当地经济发展，促进农民增收，能够有一个漂亮的业绩。五是由政府牵头组织或者支持，方便电子商务、电子政务一体化建设，一平台多功能共享，节约人力、物力、财力。

(2)B2B 模式的劣势　一是环节较多，不利于监管。在模式中，卖方和买方都要经过政府或企业才能与交易平台联系，这样就延长了流程，增加了环节，这就增加了管理和监管的难度。二是平台的建立和维护，交易规则的制定和完善，都依赖于牵头企业或者政府。牵头企业或政府还承担着代购代销、物流配送等职责，这些都对牵头企业或者政府的综合能力提出了较高的要求。也为这种模式的建立制造了额外的难题。三是交易平台为一定区域内的农户或者合作社提供服务，这些农户或者合作者在农业生产方面有着极大的相似性，他们的需求以及可能提供的农副产品种类都比较集中，使得平台的经营范围具有很强的地域特色，产品门类较为单一，不利于与综合电子商务平台的竞争。

示例

兰　田　模　式

兰田模式是以"世纪之村"电子商务平台为基础的运作模式。这种模式主要由平台企业、信息员、销售商和采购商四方参与，兰田集团公司作为最主要的平台企业，负责电子商务平台的构建和运营，负责交易规则的制定和完善，负责代销代购渠道的建立和管理。而信息员则负责买卖信息的发布，促进买卖活动的成功，一般多由拥有上网能力的农产品商人或者农资商人充当，作为农户与平台、消费者与平台、生产商与平台之间联系的桥梁，是形式中的代理人。生产农副产品的农户或者合作社、提供农资的生产商或者经销人作为销售商，通过信息员（可以是专门的信息员，也可以自己申请成为信息员）发布自己的供货消息，农产品商家、需要农资的普通农户或者合作社作为采购商则通过信息员购买所需商品。

32. 农村电商 C2C 模式是如何经营的？

C2C 模式是个人与个人之间进行交易的电商经营模式。比如，一个消费者拥有农产品，也有一台电脑，便可通过网络进行交易，把这些农产品出售给另外一个消费者。除淘宝网、京东等平台开设店铺外，一些网络二手商品交易也属于 C2C 范畴。该模式对城镇居民而言自由度大、门槛低，是最为普遍的电商经营形式，但对农户门槛较高。C2C 模式可包括拍卖、一口价等交易方式，支付服务商仅可为交易个人双方提供第三方支付服务，物流服务商仅可提供第三方物流。受制于农户知识水平，C2C 这种模式目前在农村电商中应用并不广泛，农户个人开淘宝网店和现在城镇社区中较为流行的零售店农产品团购是其主要形式。

(1)C2C 模式的优势　一是借助于第三方电子商务平台，不需自建平台，减少了平台建立与维护费用，使用已经成熟的交易模式与信用评价机制，减少了交易中问题发生的可能性。二是销售范围面向全国，实现了部分农产品与全国大市场的对接。三是环节少，生产者通过平台直接与消费者相联系，减少了中间环节的分利，使生产者最大限度地获得利润。四是更加自由灵活。卖家买家都是单个的企业或者个人，经营形式灵活多变。

(2)C2C 模式的劣势　一是不能解决农民因为无法上网、知识面不足等因素而不能参与电子商务的问题。二是农户兼顾生产和销售，对农户的营销素质和电子商务应用能力都具有较高的要求，现阶段对农户涉足电子商务的门槛较高。

示例

沙 集 模 式

沙集模式是江苏省睢宁县沙集镇出现的一种 C2C 农村电子商务模式。农户自发地使用市场化的电子商务交易平台变身为网商，直接对接市场；网销细胞裂变式复制扩张，带动制造及其他配套产业发展，各种市场元素不断跟进，塑造出以公司为主体、多物种并存共生的新商业生态。这个新生态又促进了农户网商的进一步创新乃至农民本身的全面发展。"农户＋网络＋公司"相互作用、滚动发展，形成信息网络时代农民的创业致富新路。当地村民自发式开设网店，在网上销售自己生产的板式拼装家具。在扩大家具销售范围的同时，也极大地促进了当地的加工、物流、原材料、电子商务服务等相关产业的发展，形成了一条产业链条。有人曾称其为"自发式产生，裂变式增长，包容性增长"，这种以农户为主导的"农户＋网络＋公司"的 C2C 农村电子商务模式值得期待。

33. 农村电商 O2O 模式是如何经营的?

O2O 模式又称离线商务模式。该模式使线上交易与线下体验、营销和服务相结合，一般是线上营销带动线下消费。这种模式是近两年火热起来的新型电子商务销售模式，电子商务销售商通过电商平台在线上发布商品信息，并在线下为消费者提供购物体验、商品或者服务。O2O 模式下仅可提供交易信息和交易撮合，不通过支付服务商完成交易，也无须物流服务商介入，商家仅在网上宣传自己的产品或服务，以此打动消费者，线上预约、线下体验，最终实现交易。O2O 模式在化妆品、服装和奢侈品消费领域开展较多，对农村电商而言，该模式应用范围有限，电商巨头们在农村的布局中也存在难以落地的障碍，有些需要政府牵头进行网络推广，为农民提供农资、农机等各种服务，乡村旅游等业务在目前较为火热。

示例

村村乐网站

村村乐网站是中国最大的专门为农民服务的综合性社区网站。截至2015年2月，村村乐网站已经覆盖了包括港澳台在内的全国范围，遍及省、市、县、乡、村5级渠道。村村乐网站的O2O模式主要体现在三大环节上：渠道、物流和营销。在渠道方面，村村乐网站充分利用现有的销售渠道，如化肥专卖、家电专卖、日用专卖等店铺与其他商家进行战略合作，提升其品牌知名度和影响力；在物流方面，依托农村现有的资源，如村镇商店、村邮站、"三农"合作社等，建立村级推广站，及时了解农民的需求，村村乐网站根据推广站反馈的信息，统一安排货物；在市场营销方面，除采用电商巨头刷墙体广告的方式外，村村乐网站还通过巡回路演、电影下乡、村委广播的方式宣传产品，吸引农民购买。总体看来，村村乐网站的成功运营离不开它的经营模式与设计理念。

（1）线上平台方面　村村乐网站为农民提供多样化的服务，如网络社交、分类信息、电子商务等，覆盖农村新闻、供求、旅游、生活信息等多方面内容。同时，村村乐网站还从农民的实际需求出发，从他们的立场考虑问题，为农民提供满意的服务。通过村村乐网站，农民可以展示自家的农副产品，同时也可以与外地人交流沟通，成为朋友。

（2）线下拓展方面　村村乐网站采用网络"村官"模式，根据一定的标准，将所有的农村划分为一个个分站，并设立站长职位，统一管理。村村乐网站在选择站长上，主要以科技致富带头人和大学生村官为主要对象。截至 2015 年 2 月，村村乐网站已经累计招募站长 20 多万人，在农村的网络管理、市场推广、市场开发以及招商引资等方面作出突出贡献。村村乐网站通过站长的模范带头作用，激励普通村民生产质量优良的农副产品，加强与外界的联系，为建设美丽乡村奠定基础。

(3) **商业服务方面** 村村乐网站主要负责营销推广农副产品，为农民提供多样化的销售渠道，提高农民的生活水平。通过设立的站长职位，在农村培养网购意识，以一些农民喜闻乐见的方式，如墙体广告、路演巡展、电影下乡、农村店推广、横幅广告、宣传栏推广等，进行宣传。站长和村民都可以在村村乐网站上承接业务，只要注册账号即可。通过村村乐网站，村民在与外界进行交流沟通的同时，也获得了利润收入。

(4) **农村互联网金融方面** 村村乐网站推出了村村贷款、村村融保险理财项目，在培养农民的网购意识之外，还扩大农民增加收入的渠道，真正做到为农民服务。

34. 农村电商经营痛点有哪些?

2015 年至今，农村电商经历了超高速发展，随着农村经济和电子商务的不断融合，农村电商经营痛点不断出现。当前，在物流、营销、产品、网络、人才 5 个方面的痛点最为突出。

(1) **物流** 表现在成本高、配送体系比较落后。农村快递配送点非常少，不少快递公司都会额外加价。就算种植户卖出去一件，高额的快递费也会让他们吃不消。除非量大，否则很难压低物流配送的价格。物流配送体系的健全程度与当地经济发展成正相关性，大部分地区的农村仍处于不发达状态，交通状况也不够便利，物流公司如果深入农村设点很容易亏本，这是农村电商一个很大的物流困境。以上还只是指普通商品的物流，现在很多网上客户对生鲜类产品有更多的需求，如果是生鲜类产品的话，存在更大的挑战——

冷链物流，任何一个环节不够"冷"就容易导致产品腐烂，但如果绕开生鲜产品不做，又会损失大批的客户和订单。

（2）**营销** 表现在销量和售后两方面。第一，店铺没有流量，产品卖不掉。网店或者微信商城是需要认真运营的，运营好了还要不间断地推广，这个过程是个颇为漫长的过程，一年两年都未必能收到明显的效果。这样长的一个周期，大多数人是等不了的。第二，电商难免会出现售后问题，这是电商弊端。特别是生鲜食品板块，售后费用高得吓人。如网上买箱苹果，就有人因为表皮有皱纹、包装不好看退货；有时候快递员服务不到位，也会选择退货。对于种植户来说，如何具备良好的营销知识是个难题。

（3）**产品** 主要体现在农产品的季节性特征（俗话讲：应季）太过明显，对经营造成困难。目前，农村大多还是小规模种植户，产量不多，合作社、企业数量仍然有限。而且，农产品属于季节性产品。把心思全部放在电商上面有两种结果，产品快速卖完，然后无货可卖；或者产品卖不完，只能烂在地里。

（4）**网络** 表现在网络覆盖率不高和应变能力较差。一方面，不少农村现在仍然存在网络缺陷，甚至有时候信号都不好，电话打不出去、网络时常中断，在这种环境下发展电商会存在很多局限性。另一方面，农村种植户年龄都偏大，有些甚至对手机都不熟悉，从事电商有点"勉为其难"。当前最时兴的网红经济，更是与农户形象格格不入，鲜有成功案例。

（5）**人才** 主要体现在人才的匮乏。电商知识浅薄，盈利难。做电商难，做好电商更难，让老年人做电商是难上加难。农村种植户都没接受过电商教育，教会他们利用电商盈利，对于他们来说太过困难。现在农村人员越来越少，年轻群体也越来越少，电商经济需要懂网络知识的人才，而在农村的大多是老年群体和青少年群体，对网络电商这一块都比较生疏。

35. **什么是网店？如何做好在网上开店铺的准备？**

通俗讲，网店就是基于互联网的零售或批发商店，是一种能够

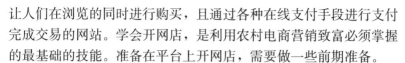

让人们在浏览的同时进行购买，且通过各种在线支付手段进行支付完成交易的网站。学会开网店，是利用农村电商营销致富必须掌握的最基础的技能。准备在平台上开网店，需要做一些前期准备。

（1）**长知识**　掌握开网店所需的电商知识。一方面是计算机和网络知识，首先得会用电脑、手机来设计自己的网店；另一方面是经营管理知识，如何运营自己的店铺，如何管理自己的物流、合作伙伴关系，如何处理经营风险。

（2）**找卖点**　首先，开店之前得有商品，还得确定商品卖点，盲目开店，十有九亏。对农村电商而言，产品当然是以农副产品为主，当然，在"一村一品""一县一业"的情况下，手工业品、纺织品等特色产品也在范围之内。只要确保有充足的货物来源，有足够的卖点，即可作为商品。

（3）**选平台**　选择开店平台。目前，大而泛的有淘宝、京东、苏宁等；专营农产品的有一亩田、本来生活、惠农网等；还有一些相对专业的旗舰店式平台，如京东生鲜、盒马鲜生等。一般来讲，目前，支付宝、微信、银联转账等手段在各大平台均可选择使用，平台便利性和安全性已经可以保障。因此，要根据自己商品的特点，根据电商平台自身的特点和优势去选择平台。

（4）**定物流**　农产品易腐性等特点使得其对物流质量要求非常高。对于想开网店的农民朋友或是合作社、企业而言，选择合适的物流，同时确保物流通畅、高效率极为重要。目前，第三方物流、平台物流和自有物流中，自有物流无疑是最合适的，即出即送，但成本较高，运维压力大，运输距离也较为受限。平台物流则要看平台实力，如京东生鲜的远距离配送能力、盒马鲜生的同城速达能力，都是非常高的。第三方物流则比较适合加工品、手工业品等比较"皮实"的产品，顺丰等大型第三方物流商的配送质量也很高。

36. 网店如何经营？

网店经营，要树立互联网思维，卖的是产品，但也是展示和体验，如何打理好店铺，营造消费者喜欢的体验感，尤其重要。因此，想要开好网店，需要着重做好店面布置、商品管理、店铺推广、销售和售后等环节。

（1）**店面布置** 店面布置主要是首页整体的规划，店铺首页是整体展现商品等信息给客户的第一感觉，店主应根据商品、服务等信息第一时间展现在客户的眼前，不要让客户点几下鼠标才可以看到。要注意几点：①整洁大方，体现一定的特色，不能一味追求花哨好看。②方便浏览和查找。不要让客户在你的店铺看商品还需要"技术性操作"。③第一时间展现主要商品，有限的页面要合理运用。不要让你的客户第一眼看到大部分是无关紧要的图片和信息。

（2）**商品管理** 商品管理主要是商品的摆放、商品更新，这直接关系到客户对你的商铺信任的影响，没有客户喜欢杂乱无章，在众多的商品遨游却找不到需要的商品。店主要在商品管理上要注意几点：①商品分类。这是客户快速查找商品的途径，好的商品分类有助于客户快速的查找。怎么样对商品分类呢？在这里给大家一个建议，如果商品品牌杂乱，每一个品牌商品少的情况下应采取类别分类，如上衣、裤子、鞋等，这样有利于客户的查寻；如果每一个品牌有一定的数量、类别相对单一，建议以品牌分类。②商品陈列。店主根据商品的侧重点进行商品摆放。③商品更新。及时维护、更新，不要让老客户总是看到那几样商品，及时下架无货商品。

（3）**店铺推广** 店铺推广是开好网店的重点，网店推广方法很多，但是对于普通店主有效的推广方式并不是很多。目前，网络上经常说关键词、发帖子等，但是效果如何？是不是信息发出去就万事大吉了？这是完全不够的。新店在没有信用的情况应做到几点。①向朋友推荐。对于刚开的新店铺在没有信誉等方面支撑的情况下，信息发布出去也不会带来很好的效果。在网上交易店铺的信用对新客户来说很重要。怎么样快速提高网店信用，等待客户不太现实，最好的办就是向朋友介绍店铺。现在网上也有很多专业提供刷信誉的，但是存在一定风险，建议不要使用。②关键词的应用。很多人都在设置网店关键词，什么样的关键词有效呢？首先要了解关键词在网络搜索是怎么样出现的。关键词分为热门关键、普通关键词还有一些冷门的关键词。关键词可以被搜索到与时间、点击率、使用频率有着很大关系。店主在确定关键词时要仔细考虑，大家都在用的关键词属于热门关键词，这一部分关键词很多是别人购买的或者以前被经常搜索到的，就算是自己店铺的关键词被搜索到也不会在前面，甚至搜索不到，排得太靠后，大部分客户还没有看到就不再看下去了。这类关键词不是新店的首选关键词，店主可以考虑大家不是经常用的或者根据商品的特点来确定1~2个关键词，这类关键词虽然使用频率不高，但只要被搜索到，点击频率要比其他关键词高。确定好的关键词不容易，店主要用点时间考虑。③打广告。有资金实力的店主可以通过做广告的方式推广店铺，可以借助平台推广、网站宣传等手段，花费一定资金，将自己产品的核心卖点有效推广出去。一方面，广告需要确定吸引眼球的标题，标题和内容要一致；另一方面，广告要发布到有用的地方，根据商品对应的人群聚集地发布信息，例如，以时尚女装、化妆品为例，可以到女性时尚、美容等论坛上、门户网站女性板块发布。广告发布时间很重要，发布的时间不一样，浏览量是有区别的。一张帖子要在帖海中显示出来，除了标题，时间也非常关键，要在上网高峰时让信息出现在第一位。

（4）**销售和售后** 经过前期的努力，网店经营便进入到正式的销售和客户维护阶段，店主开始获益。在销售中，店主是老板也是业务员，掌握店铺所有的事物。①店铺活动。一个店铺一段时间可以做一个优惠活动，店主根据自己的货源进行组合或者让供货商提供帮助，一般供货商会提供相应支持。②销售咨询。在销售商品时要面对不同类型的客户人群，对客户提出的问题要有相应的办法解决。所以店主要具备一定技巧和常识，店主可以到实体店中学习观察他们怎样接待客户。同时，店主也应多找些相关资料学习。好的售前咨询对成交的帮助很大。③售后技巧。良好的售后服务是为了更好的销售，但是对于代销和一件代发的店主，售后的服务直接受到他们的影响，所以店主在选择供货商时要注意，供货商的售后服务很多时候比商品价格重要得多。但是有的客户属于冲动型，会让店主感觉到很头疼。但是店主要有一定的原则性，在确定是自己问题还是他人问题的原则下采取行动，而不是盲目应对。

37. 微商是什么？

微商是基于移动互联网的空间，借助于社交软件，以人为中心、社交为纽带的新商业。微商＋农村便形成了农村微商。2019年1月1日，《中华人民共和国电子商务法》正式实施，微商纳入电商经营者范畴，消费者维权有法可依。《2016—2020年中国微商行业全景调研与发展战略研究报告》中显示，美妆、针织、母婴、大健康、农特占据着微商主要市场份额，充满乡土气息的土特产，目前发展较好。

目前，微商基于微信平台的数量占据了绝大多数。微信有着信息闭环的优势，一般在微信平台销售，在可信度方面是优于传统电商平台的，当然也存在着因广告刷圈、刷群而产生的负面影响。总体来看，微商如果做成功，群体定位非常明确，容易产生用户黏性，利润率是传统电商平台无法比拟的。

农村微商目前有以下几种主要形式。

（1）当地相互转卖　这种形式下，买卖双方在同一地区，卖家一般有良好的运维条件，通过同城速达保证产品新鲜度。

（2）代购产地农产品　这种形式最为多见，往往是"城里人买乡村品"。实施代购一方和农民一方建立良好的"货源供求"关系后，通过微信圈团购等方式，即可实现。

（3）向外地出售自产农产品　借助本地能人、工商资本下乡创业人员的"人缘"，来自产地农产品可以直接向外地出售。这种方式的中间交易成本最低，但对微商的"圈子"要求最高。目前，采用这种方式的微商往往都有自己的农场或者生产基地，并且与农家乐、采摘园等活动配合，获取前来游玩顾客的信息，再进行微商销售。

38. 微商如何运作?

由于微信平台在信息推广方面的劣势，微商最适合"小而精"的销售模式，微信购买者的数量显然不能满足走量的做法。那么，如何提高单笔利润，是运作微商所必须要着重考量的。那么，微商如何去运作呢?

(1) 选择合适产品 ①微商的产品必须复购率高。这是微商选产品的硬性要求，微商靠社交卖货，跟客户往往是先做朋友后做熟客，这个过程是需要时间经营的，朋友关系也是需要成本维护的，朋友数量也始终是有限的，如果复购率低，只从成本考量，微商都是很难做成功的。②微商必须选择品质高的产品。微商做朋友生意，卖的也是个人信誉和形象，靠的就是用户变朋友、朋友变熟客、熟客不断复购，没有品质的产品是经不住大量朋友检验的。③微商的产品最好高利润。微商去渠道化，靠利润分配来吸引代理乃至用户，没有足够的利润是无法设计利润分配制度的，代理体系的打造就成了"无米之炊"。产品的选择是非常多的，在条件适合的情况下，也可以考虑冷门产品，譬如你是该类产品的专家、朋友圈有大量潜在需求客户或者自身产品资源条件特别好等。

(2) 做好微商品牌 ①建立自己的工具体系。做微商代理，选好产品就完成了主要工作；但是对做微商品牌，这只是迈出了一小步。光有产品还远远不够，怎么招代理、招了代理怎么运营等一系列的问题需要在创建微商品牌和微商项目启动之前就做好策划。微商品牌的策划首先就是建立自己的工具体系：产品的专业知识体系，品牌文化和价值观，销售技巧等都需要比较成熟的规划。②策划好培训体系。对微商这种模式来说，代理是至关重要的，而代理转化、存活和代理制度有效运作的核心关键就在于代理培训。这个培训体系在做微商之前就要策划好，包括培训形式、培训内容、知识分享、帮扶体系等各个方面的周密考量。③运营。微商的运营也是关键中的关键，细化来讲包括渠道、动销和引流。微商的渠道以代理为主、直销为辅，核心关注点在于如何快速发展代理；动销则

以终端销售为主,代理拿货为辅,核心关注点在于让代理们快速销货;引流就是获取代理商和终端用户,与渠道和动销融为一体,核心关注点在于如何找到性价比最高的方式,并形成自优化的运营体系。

(3) 做好引流与圈子打造 引流如何设计有效的制度,如通过以老带新获取新代理和新用户,通过以老带新帮助新代理快速成长,并让微商品牌下的代理形成更紧密的连接。运营素材的设计,包括图片、文案、实拍、视频、直播、硬广、品牌文化内容等,要注意在基于微商品牌定位和用户定位的基础上确定一致的方向和风格。微商运营里还有个重点就是微信朋友圈的打造,必须由微商品牌来主导代理们微信朋友圈的打造,包括微信朋友圈运作的方式、素材的提供、执行力的监督等。此外,可以参考一些成功微商运营团队或微商品牌的做法,但是切记照搬,要符合品牌、产品特点和创始人的风格。

39. 什么是"网红经济"?

"网红经济"是以年轻貌美的时尚达人为形象代表,以红人的品位和眼光为主导,进行选款和视觉推广,在社交媒体上聚集人气,依托庞大的粉丝群体进行定向营销,从而将粉丝转化为购买力的一个过程。"网红",网络红人的简称,在中国一度是个贬义词。但是,要成为一个名副其实的网络红人,单单在社交平台上拥有大量粉丝是不够的,还要有一间商品热销的淘宝店铺。由于变现能力强大,淘宝网已经成为国内最大"网红"推广生活方式的平台。"网红经济"的优势有以下几点。

(1) 借助分析进行精准营销 "网红"的精准传播在一定程度上解决了传统营销的局限,打破了传统营销单一的线上线下模式。在"网红经济"时代,"网红"的顾客是粉丝,在这个过程中,电商很容易抓住粉丝的需求,之后根据粉丝的需求对其进行精准定位营销和推广,达到良好的商品推广效果。"网红"在商品营销的过程中扮演着十分重要的代言人、销售代表的角色。

（2）"网红"具有较高的粉丝黏性 "网红"电商主要的顾客是粉丝，基于粉丝对"网红"的喜爱，在产品推广的过程中很容易购买商品。同时，"网红"对于粉丝来讲具有很强的导向性，以淘宝产品销售为例，"网红"会将某淘宝店铺上的衣服穿在自己身上，之后拍摄穿搭视频，粉丝看了之后会自觉到相应的淘宝店铺寻找衣服，由此为淘宝店家带来无限收益。

（3）推广成本费用低廉 "网红"的发展依赖自媒体，而从现阶段的发展情况来看，大多数的自媒体都是免费的，因而"网红"推广成本费用较为低廉。

（4）库存相对低 "网红"电商在发展的过程中一般是不需要进行囤货销售的，通过"网红"直播能够激发粉丝的购买欲望，在粉丝的投票下进行产品的再生产，在很大程度上降低了库存率。

40. 怎样与"网红"合作玩转"电商直播"？

电商直播是"网红"经济快车下的另类产物。当前，以抖音、短视频为代表的电商直播正蓬勃兴起。2018年，中国有超6亿的短视频用户；超6万场的淘宝开播场次，超15万小时的时长，"淘宝直播一姐"薇娅带货27亿；超1.9亿的短视频在快手发布，收入超1 600万元，1.6亿元的销售额在卖货节当天由"散打哥"达成；超2.5亿的抖音日活量，超5亿的月活量；超1 000亿元的淘宝直播销售额，超百人的主播月收入达百万元。电商直播已是时下农产品网络销售潮流化的追逐方向，运作得当的话，既能为自己的产品推广，又能直接增加销售。

当然，电商直播更适合有一定实力的合作社、企业，例如，下乡后的工商资本，与普通农户的距离尚远。那么，如何与"网红"们合作，玩转电商直播，搭上"网红经济"的快车，实现致富？

（1）明确合作模式 目前，商家与"网红"有3种合作模式。①专场。可以理解为在某个时间段推出某系列产品，通常以1小时计算，价格几千到几十万。②链接费加佣金。按照1个链接几百块的形式，保证主播的最大效益。③纯佣。主要集中于新主播、小主播，因为产品的缺失往往只能跟与商家对接纯佣的产品合作，以单纯的阿里巴巴佣金结算。

那么，商家如何挑选适合自己的主播呢？首先，匹配度要合适。挑选的主播是否适合自己的产品定位人群，这需要商家通过主播的数据来做判断，如用户画像。其次，性价比要适中。这里所说的性价比不是找低价主播，而是根据匹配度来择优选择，主要考察转化率。最后，对主播承接力的考量。每个平台上的用户画像都不同，每个主播的用户画像也不同，大部分主播只卖得动低客单价的产品，至于利润高的高单客价产品，主播是否卖得动，那就要看主播的承接能力了。

（2）了解"直播"合作规则 ①店铺的动态评分。店铺评分一定要高，代表这家店铺的顾客反馈尚可，如果达不到这个要求，主播一般都不会接。注意一点，做之前一定要想清楚自己是不是可以直播了。②产品评价。机构和主播合作之前，都会看到合作产品的评价信息、购买者的真实情况，尤其是晒图评价。③配合度。配合是相互的，因为直播过程中，有很多不稳定因素，如果配合不利，会对直播造成影响。比如合作中，客服也是一个提高转化的角色，当直播流量进来了，客服却达不到要求，那也不行。

（3）完整链路 前期有 6 个步骤：洽谈商家、确认主播和合作模式、主播审核产品、确认合作产品、商家提供产品资料、配合主播整理脚本；中期有 4 个步骤：确认档期、安排寄样、提前申请佣金链接、主播熟悉产品及播放脚本；后期有 4 个步骤：样品到手、到期开播、播后反馈、7 天后数据统计。如今，几乎所有天猫商家都匹配了直播运营岗位，专门负责对接主播和机构，比如，御泥坊还成立了直播事业部，至少 15 人在负责直播电商的工作。所以，配置团队必不可少。

（4）配置直播团队 首先，寻找与自身匹配的主播，考察形象气质、口才等。说实话，如果从外部找主播，过程还是挺难的，因为一个新人要熟悉产品很容易，但要熟悉企业文化和气质则需要一个漫长的过程。所以，建议商家从内部着手，发掘自己的员工来做主播，这样最稳定，也更懂公司的产品和文化。其次，是直播运营。除了设计岗位外，要求每个人掌握多种技能，比如，写策划、总结商品要点、直播间互动、会分析数据等。最后，是客服。客服人员一定要做好训练，尤其注意外包客服一般是做不好用户承接和转化的，最好自己搭建客服团队。同时，要让客服熟悉直播间的内容和福利，千万不能一问三不知。

41. 农村电商对物流有哪些特殊需要?

(1) 鲜活农产品电商对冷链物流的需求　农产品中水果、蔬菜、肉类、水产品等种类都可算得上是鲜活农产品。鲜活农产品收益好、价格高，鲜活农产品销售在农村电商中不可或缺。但同时，其鲜和活的特性增加了物流难度，对冷链物流产生了特殊要求。鲜活农产品易损坏、变质，若要保证优质优价，在进行产品运输时，要使用冷链运输技术，保证农产品新鲜。

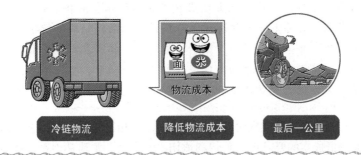

冷链物流　　降低物流成本　　最后一公里

示例

冷链物流

冷链物流泛指冷藏冷冻类食品在生产、储藏运输、销售和到消费者前的各个环节中始终处于规定的低温环境下，以保证食品质量，减少食品损耗的一项系统工程。它是随着科学技术的进步、制冷技术的发展而建立起来的，是以冷冻工艺学为基

础、以制冷技术为手段的低温物流过程。当前,中国农产品冷链物流业的快速发展,国家必须尽早制定和实施科学、有效的宏观政策。冷链物流的要求比较高,相应的管理和资金方面的投入也比普通的常温物流要大。

示例

"互联网十"农产品出村进城

2019年12月26日,农业农村部、国家发展改革委、财政部及商务部发布实施"互联网十"农产品出村进城工程的指导意见。文件提出,要坚持农业农村优先发展,按照乡村振兴战略总要求,紧紧抓住互联网发展机遇,加快推进信息技术在农业生产经营中的广泛应用,充分发挥网络、数据、技术和知识等要素作用,建立完善适应农产品网络销售的供应链体系、运营服务体系和支撑保障体系,促进农产品产销顺畅衔接、优质优价,带动农业转型升级、提质增效,拓宽农民就业增收渠道,以市场为导向推动构建现代农业产业体系、生产体系、经营体系,助力脱贫攻坚和农业农村现代化。

(2) 降低物流成本对智慧物流的需求 相比其他行业,农产品物流对降低成本的要求更为独特和迫切。农产品,尤其是小麦、稻谷等大宗农产品普遍销售价格较低,收益相对较小。在农村电商背景下,线上交易往往意味着更大的竞争、更低的价格,经营者的收益更加依靠减少流通环节的交易成本,即降低物流成本。目前,流通成本体现在两方面:一方面,农产品在仓储过程中产生的中间成本;另一方面,农产品在运输过程中产生的产品损耗和运输费用。对传统的仓储和物流而言,降低成本难度较大,而选择智慧物流,则是有效的整体解决方案。智慧物流的全程自动化、流程化操作理念,在节约人工成本的基础上,优化并提高了物流效率,是未来降低物流成本的有效方式。

示例

智 慧 物 流

智慧物流（Intelligent Logistics System），首次由 IBM 提出，2009 年 12 月中国物流技术协会信息中心、华夏物联网、《物流技术与应用》编辑部联合提出概念。物流是在空间、时间变化中的商品等物质资料的动态状态。智慧物流是利用集成智能化技术，使物流系统能模仿人的智能，具有思维、感知、学习、推理判断和自行解决物流中某些问题的能力。即在流通过程中获取信息从而分析信息作出决策，使商品从源头开始被实施跟踪与管理，实现信息流快于实物流。即可通过 RFID、传感器、移动通信技术等让配送货物自动化、信息化和网络化。

（3）"最后一公里"对物流网络的需求　我国农业涉及的主要地域是农村，而农村由于受到地理条件、经济发展水平等条件的制约，交通设施配套较差，物流服务业相对落后。长期以来，相对落后的物流水平成为制约农村电商发展的主要障碍，这也就是所谓的"最后一公里"问题。在农村，电商经营者对物流网络都有着极大需求。有些农村地处偏远，产出的产品无法及时通过物流运出，在增加产品损耗的同时，产品质量有所打折，消费者快捷消费的体验也得不到满足。因此，农村电商亟须物流网络布局，在提升交通的基础上，增加快递、物流基层网点，以保证商品的运输和配送效率。

示例

"最后一公里"

"最后一公里"即将货物最终交付给客户手中这一环节，这一环节在整个物流体系中处于末端环节，是唯一与客户直接接触的环节，为提高用户体验，"最后一公里"配送的服务质量和效率显得尤为重要，在当下，"最后一公里"难题已经成了困扰整个快递行业和电商行业的最大问题，物流成本占GDP约18%，比重超过发达国家的两倍，"最后一公里"成本大概占整个物流体系的30%以上。传统物流在"最后一公里"的配送中存在收件人当时不在而二次配送、校园或社区不允许快递员进入、快递员等待时间过长等低效率问题。快递延误、丢失、损坏等情况时有发生。

42. 农村电商物流模式有哪些？

（1）**传统实体店配送模式**　该模式以具备一定实力或拥有农产品品牌的农产品实体店为中心，以店铺配送范围内的顾客为重点，通过建立线上、线下交易结合的电商销售模式，实现由实体店进行物流配送，实现产品与消费者的对接，在此基础上，吸引线上消费客户进入线下实体店中，增加实体店客流量，带动实体店发展的配送模式。这种模式适用于具有一定规模的实体农产品销售企业，或致力于打造品牌农产品的农业经营主体，经营者多有自有田块保证农产品供货，在城镇有自己的实体店，利用自有物流配送渠道，实现电商交易。如北京稻香村等名优品牌，便有自己的配送中心和配送网点。

（2）**B2C＋第三方物流模式**　该模式主要在线上进行产品交易，之后依靠优质的第三方物流企业实现产品物流配送。第三方物流指一个具实质性资产的企业公司对其他公司提供运输、仓储、存货管理、订单管理、资讯整合及附加价值等相关物流服务。对于农村电商而言，第三方物流在冷链技术、仓储运输等方面具备较大优势。优秀的第三方物流能够在保障大宗、生鲜农产品的优质供应的同时，直接提高消费者的购物体验。这种模式适用于规模大、具备一定优势的合作社、农业企业，或者经由"一村一品"、电商扶贫等模式发展起来的新型电商经营主体。

近年来，京东物流、菜鸟物流、苏宁物流集团等第三方物流企业都在积极布局农村电商。目前，京东的"先锋站计划"和"京东帮"服务，阿里巴巴的菜鸟物流快递入户行动，苏宁的冷链物流布局等行动，大大提高了农村电商基层物流网点密度，为农村电商的开展提供了坚实的物流保障。

（3）自营物流模式 该模式依靠丰富的物流配送网点，依靠自有物流体系，根据订单或 B2C 交易，完成仓储配送，适用于大型物流企业或拥有大型物流能力，网点全、物流覆盖范围广的经营者。例如，京东生鲜便借助了京东物流的网点优势、冷链技术以及完善的配送体系，实现了一定范围内"一小时送达"；再如顺丰优选是顺丰速运旗下面向全球提供优质农产品的线上商城，也是借助了顺丰速运优势，依靠 B2C 模式，逐渐实现产地到销地的全程冷链仓储与运输。

43. "适合自己"的电商物流渠道如何选择？

（1）选择物流渠道的考量因素

① 便捷性。便捷意味着高效，对于农产品电商经营者而言，产品质量最直接体现在是否新鲜，消费者也乐于有一个快速的购物体验，因此，选择物流渠道，应该考虑到渠道对于产品交易双方而言是方便的、快捷的，在保证农产品品质的同时，提高消费者购物体验。

② 低成本。通俗来讲，就是实惠，低物流费用换来的是利润的提高。以快递为例，申通、圆通等快递价格低于顺丰快递费用。但需要注意的是，在选择低成本解决方案时，一定要在安全和保证质量的前提下进行选择。

③ 选适合自己的。所有物流渠道的选择均是建立在自己所经营农产品的特性基础上。

（2）选择物流渠道的几种方法

①"一揽子托付"。选择有物流实力的平台或第三方物流。对于小经营者来讲，选择京东、淘宝、苏宁等大型电子商务平台运营商，利用平台方或平台方签约的第三方物流企业；或者直接与顺丰物流等实力强劲的第三方物流签约进行农产品物流仓储运输，是一

种相对实用、便捷的选择方式。

②"对'品'下药"。选择针对性强的、适合自己产品的专业物流渠道。对于手工艺农产品、水产品等易损坏特殊商品，或者"一村一品"式经营的农村电商经营者，可以针对自己产品特点，选择特定的专业物流渠道，可以满足自己商品不受损失的要求，保证产品质量。

③"自有＋第三方相结合"。对于有一定配送能力的经营者，可以选择自主配送和第三方物流相结合的方式。对于具有一定实力的合作社、龙头企业，自有一定覆盖范围的商品配送能力和一定量的货物存储能力，便可以选择范围内自主存储配送，距离远的与第三方签约完成物流配送的方式，在一定程度上节约成本，提高效率兼顾。

44. 电商巨头如何布局农村电商物流？

（1）阿里巴巴 ①阿里巴巴借助菜鸟物流送货入户。2013年5月，阿里巴巴成立了第四方物流网络公司——菜鸟网络，它旨利用大数据和云计算等技术建立可以囊括全国各地的物流网络，支撑起全国每天300多亿元的电商销售额，为国内"三通一达"的快递巨头提供了一个大数据资源共享平台。不但解决了"双十一"期间快递企业爆仓的问题，而且计划实现货物在全国各地次日达。在农村，菜鸟网络建立了县域O2O物流体系，致力于做到货物次日签收，让农村消费者也享受到了次日达配送服务，这表明阿里巴巴正在努力解决"最后一公里"过程中的配送问题，让电商实质性的深入农村。②千县万村计划。2014年10月，阿里巴巴实施"千县万村计划"，自此以后，阿里巴巴在500多个县铺设了28 000多个基础设施村点，1 000个专属员工、2.8万名"村小二"、5万个服务体系的员工投身建设于农村淘宝，不断健全农村电商服务体系，以实现城市产品下乡和农产品进城的双向流通。

（2）京东 京东规划了三级物流网络，包含了干线、支线、终端三级物流网络，其结构是：①省级仓。商品从京东的全国七大仓运送到各省会城市大仓。②干线无人机配送（第一级）。通过干线无人机，实现覆盖300千米的区域仓到仓的干线物流快速调拨。这一环节是大型无人机，载重量将是以吨为单位的。③支线无人机配送（第二级）。支线配送是从分中心之间的小批量快速转运。④终端无人机配送（第三级）。终端主要解决的是偏远地区和道路交通不便情况下的"最后一公里"难题，特别是偏远山区，京东在多数行政村设有乡村推广员，这些乡村推广员是京东在当地的重要合作伙伴，通过将无人机降落在乡村推广员指定的场地，然后乡村推广员再派送给最终客户。⑤无人机逆向物流。无人机逆向物流的应用，快速打通农产品上行通道，将农村的农特产品，特别是有保险要求的农特产品通过无人机逆向运送到城里，完成产业扶贫的重任。

（3）苏宁 ①布局物流网点。苏宁物流大力发展基础建设，在14个区建设22条省内干线，为农村三、四级市场开拓战略的落地作出了良好的铺垫。此外，苏宁开展的"物流云"项目，计划未来在全国建设多个自动化分拣中心、区域物流中心、城市分拨中心及社区配送站。②升级农村服务站，完善物流网。苏宁于2014年将原本200家乡镇售后维修点改造为集代替顾客下订单、"最后一公里"配送、售后、维修、保养等功能于一体的创新型乡村服务站点。与此同时，苏宁不断增加服务站数量，来延伸线下的物流网络，打造消费者"看得见的网购"。③直营店、服务站合力低成本调拨。苏宁的物流体系覆盖了全国90%的区（县），84%的乡（镇），全国1 000多个乡（镇），都有设立苏宁易购直营店。为了迅速占领农村电商市场，苏宁继续扩大对乡镇直营店的布局范围，努力做到直营店数量翻倍。为了解决农村物流成本高这一问题，苏宁物流优化运输路线，使多个直营店、服务站串成线，达到低成本调拨、一车覆盖一片区。

45. 农产品电商营销面临的主要经营风险有哪些？

（1）市场风险 农业电子商务市场风险是指在开展农业电子商

务活动的过程中，由于农产品市场供求失衡、农产品价格发生波动，或者由于信息不对称、市场前景预测偏差等因素导致农村电子商务主体经济上遭受损失的风险。农业电子商务市场风险主要表现为农产品市场预测产生偏差、供给与需求信息发生变动，导致农产品市场价格发生波动、农产品滞销等。农业市场信息的高度不对称性是引起农业电子商务市场风险的直接原因。农业市场信息的高度不对称性主要源于两个方面的原因。一方面，我国农民整体文化素质普遍偏低，在市场中很难及时寻找和准确解读市场需求，对市场的判断力比较弱，农民仅凭经验决定生产，缺乏有效信息，很难根据市场需求的变化及时地进行生产结构的调整，使得我国农民的生产具有极大的盲目性；另一方面，尽管我国涉农信息网站有 10 000 个左右，却普遍存在信息雷同、准确性不高、时效性差等问题，尤其缺少对农产品市场有预测性、指导性的信息。因此，我国农业市场信息的高度不确定性给我国农业电子商务的发展带来了巨大的风险。

（2）**运营风险** 农村电商经营过程中的运营风险主要体现在"互联网"环境下的信息泄露问题上。

①对于网店性质、个体经营的小经营者来说，电商的线上交易过程中会存在网店账号、密码泄露风险。

②对于农村电商企业来说，主要体现在管理和财务信息的泄露。在电商的交易模式中，互联网属于开放式协议，电商企业几乎所有的数据都要通过网络进行收集传输，在这个过程中，电商账号密码等重大信息有可能会被不法分子拦截和盗取，造成财务风险。公司的财务信息泄露对于企业的影响是巨大的，一旦这些信息无法收回或者被利用或倒卖，将对企业造成莫大的损失。

（3）**信用风险** 在农产品的销售过程中，经过的每个环节的企业信誉度都会给农业电子商务的发展带来影响。这其中不仅包括农产品销售的企业本身，也包括配送产品的物流公司、银行和认证中心等，他们对合同的履行具有不可预测的不确定性。目前来讲，我国的信用体制不够完善，在这方面西方电子商务的发展要远远好于我国。现在的环境下，我国很多企业的信用度不高，存在着很多的债务纠纷，而且还有一些企业法律意识淡薄，不能够严格遵守法律。在这种大的环境背景下，农业发展电子商务面临的风险主要体现在两个方面，一是生产企业不能够按照合同的规定按时按质按量完成计划订单；二是企业在收到订货后没有及时付清货款，拖延或拒不支付。

(4) 法律风险 我国电商发展尚处于初级阶段，除《中华人民共和国电子商务法》之外，目前还没有其他专门的电子商务法来约束电商交易行为，主要由之前颁布的法律法规来约束规范电子商务，如《合同法》《电子签名法》《计算机信息系统安全保护条例》等。电商涉及的行业跨度非常大，几乎各行各业都有很多企业开展电子商务。在缺乏法律法规约束的情况下，企业容易铤而走险低成本犯错误，如偷税漏税、网络诈骗、恶性竞争等，对经营者和消费者都会造成伤害。

46. 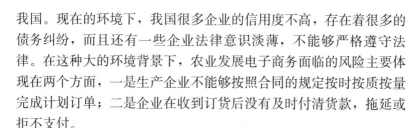 **如何进行经营风险防范和处置？**

(1) 及时掌握农产品市场动态 对于农村电商经营者而言，其所经营的产品品类与市场形势变动息息相关。为规避市场风险，可以通过以下几种渠道及时掌握农产品市场动态。

① 关注权威网站、主流媒体公众号所发布的信息。虽然我国农产品市场信息网站鱼龙混杂，但包括国家级权威网站、大型农业物流批发市场网站等权威渠道所公布的数据还是真实可信的，如农业农村部中国农业信息网、北京新发地农产品批发市场官网、中国寿光农产品物流园官网等。此外，关注主流媒体微信公众号，可以实时获取市场信息资源，帮助掌握市场动态。

② 前往农产品批发市场，实地掌握市场动态。在空闲时间，前往当地或区域大型农产品批发市场，能够最精准地掌握农产品种类、数量、价格等信息。

(2) 利用安全协议和身份认证技术保障电商运营安全 由于Internet的开放性造成的在网络中传输的数据的公共性，为了保证网络传输过程中数据的安全，就必须要使用安全的通信协议以保证交易各方的安全。例如，可用 S/MIME 协议、S－HTTP 协议、SSL 协议等。利用防火墙技术保证电子商务系统的安全。防火墙的目的是提供安全保护、控制和鉴别出入站点的各种访问。它建立起网络通信的控制过滤机制从而有效保证交易的安全。

（3）注重诚信，提高信誉　我国目前的社会信用体系不够健全，法律在该方面没有出台相关的政策予以控制，同时社会也缺乏监督力量，造成了很多企业的信用存在着较大的问题。虽然农业电子商务发展处于初级阶段，但是已经出现了很多的网络经济问题。域名使用权的争议、网络销售诈骗等各种各样的网络纠纷，在这种环境下，农村电商经营者必须注重诚信，提高信誉，不断通过网络渠道完善自身信用体系认证和网络资质认证，必要时可借助农产品质量追溯技术，实现产品可追溯，让购物者可以直接了解自己产品的追溯信息和自身信用度。再者，借助淘宝、京东等第三方平台经营的经营者也可以通过实名认证、缴纳保证金等方式来提高在平台上的信用度。

（4）熟知农村电商政策法规　熟知国家现行法律、各部委相应法规以及全国和地方的电子商务实施政策，包括电子商务类法律法规、网络购物类法规、电子支付类政策三大部分。其中，电子商务类法律法规包括《中华人民共和国电子商务法》《电子商务模式规范》《网络商品交易及有关服务行为管理暂行办法》等；网络购物类法规包括《中华人民共和国消费者权益保护法》《网络商品交易及有关服务行为管理暂行办法》等；电子支付类政策包括《非金融机构支付服务管理办法》《关于加强银行卡安全管理预防和打击银行卡犯罪的通知》等。

47. 如何看待政府在农村电商中扮演的角色？

在农村电商化进程中，我们切不可忽视政府的作用，甚至可以说政府在此过程中起着举足轻重的作用。原因很简单，城市的基础设施以及用户的行为习惯相对成熟，城市电商业务拓展只需要考虑

用户的感受，做好线上体验、价格及商品品质方面的工作即可。而农村市场则完全不同，电商公司必须将当地政府拉入其电商化进程中，理由有以下 4 点。

（1）**农村物流配套等问题需要政府配合**　众所周知，物流是乡村电商发展的最大瓶颈。农村用户普遍居住较为松散，快递员的派单与收单成本高，加之电商化需要很多仓储及物流中心的配合。这中间除了电商平台自身的投入之外，还需要政府的积极参与。2019年，阿里巴巴请百名县长前去杭州开会，其中很大程度也是希望政府能够积极参与电商的下乡工作。

（2）**农村电商需要政府的政策支持**　电商在农村尚属于新鲜事物，尤其在卖货方面更是如此。不少在外务工年轻人返乡之后尝试网上开店形式创业，其中不乏成功者，但也有部分淘宝店家比较苦恼。其产品主要从乡村农户收购而来，在保证一定利润前提下，通过网络的方式进行售卖。相比同类实体店，销量要高出很多，但却享受不到国家对此的补贴。针对此类现象，希望各级政府能够在电商下乡的过程中，充分理解电商对农村经济的带动作用，给予其相对应的肯定和政策扶持。

（3）**政府需要电商下乡**　随着国家经济结构调整及农村独生子女开始成为家庭主要劳动力之后，外出务工人员返乡趋势已愈发明显，无形中加大了农村的就业压力。如果政府再对农村电商加以合理引导和扶持，不仅可以解决这部分劳动力的就业，同时可以大大缓解各级政府的保就业压力，实现双赢。此外，我们也不可忽视返乡群众对政府的倒逼作用，由于不少乡村诸如基础设施等方面相对落后，返乡青年回乡会有很多不适应，而当前电商平台基本实现了娱乐、通信、购物、旅游等方面的线上落地，电商下乡在某种程度上可缓解返乡青年的不适感，有利于乡村的社会稳定。电商下乡已经成为不可逆的趋势，尤其在一、二线城市各大电商品牌的市场格局已经基本稳定。因此，谁能抢先占领农村市场谁就赢得了电商的未来，电商在农村的竞争也会异常凶险。而电商下乡的比拼也将由简单的购物比拼升级为全方位的资源及产品线的比拼。

（4）农产品出村进城需要政府牵线　农产品出村进城是一个莫大工程，需要政府的力量，为平台、生产者和消费者牵线搭桥。政府部门需要统筹利用"互联网＋"农产品出村进城已有工作基础，鼓励供销、邮政、电信等系统和各方社会力量积极参与，多方协同、上下联动，推进农村站点以及基础设施、物流体系、网络平台等软硬件的共建共享、互联互通。同时，加强农产品全程冷链物流配送保障。完善落实基层创业就业人员支撑服务，加强农村教育、社保等公共服务体系建设。政府部门还要保证农业供应链金融，为农产品出村进城提供坚实的资金保障。

48. 什么是淘宝村和淘宝镇？

淘宝村是农村经济与电子商务结合的产物。根据阿里研究院的定义，淘宝村是大量网商聚集在某个村落、以淘宝为主要交易平台、电子商务年交易额达到 1 000 万元以上、活跃网店数量达到100 家以上的或活跃网店数量达到当地家庭户数的 10％以上的行政村。中国最早的一批淘宝村出现在 2009 年，到 2013 年底其数量增长到 20 个。2014 年，淘宝村迎来了空前快速发展期，阿里研究院在全国共发现了 212 个淘宝村。这些淘宝村主要分布在福建、广东、河北、河南、湖北、江苏、山东、四川、天津和浙江 10 个省份。淘宝村已然"破茧成蝶"，成为影响中国农村经济发展的 一股不可忽视的新兴力量。2019 年，淘宝村持续扩张，目前广泛分布于 25 个省份，大部分位于东部沿海，浙江、广东、江苏排名前三；山东、河北、福建、河南、湖北、江西和天津分列四至十位；中西部和东北地区淘宝村达到 150 个。

随着淘宝村在全国多个区域的规模化涌现和集群化发展，淘宝镇开始浮现。阿里研究院给淘宝镇的定义是：一个乡镇或街道出现的淘宝村大于或等于 3 个，即为淘宝镇。这是在淘宝村基础上发展起来的一种更高层次的农村电商生态现象。截至 2019 年 6 月底，全国淘宝镇数量从 2018 年 363 个上升到 1 118 个，其中中西部和东北地区淘宝镇超过 200 个。其中，浙江以 240 个淘宝镇位居全国第一。

49. 农村电商品牌如何助力乡村振兴?

（1）加强农村电商品牌助力乡村振兴人才品牌培育管理　各地要根据产业发展需求，充分利用本地职业教育资源，成立农业职业经理人、经纪人、乡村工匠、文化能人、非遗传承人电商培训机构，创新培训方式，为农民提供更多有效的培训。同时，鼓励和引导品牌主体加快商标注册、专利申请、"三品一标"认证等，扶持培养一批区域公用品牌、中国特色农产品品牌和具有国际竞争力的家庭工厂、手工作坊等电商平台，指导各地加强对龙头企业、行业协会的指导，引导市场主体将品牌多转化为品牌大、品牌强，不断提升品牌的影响力和号召力。

（2）完善和加强农村电商品牌助力乡村振兴制度建设　设立农村电商服务点，依托农业产业化龙头企业建立"农户生产＋合作社加工包装＋电商销售"的产业发展模式，带动产业链前延后伸，形成现代农业产业集群，解决农产品上行问题，让更多农户、合作社、企业参与到电商产业中，实现农民增收致富。同时，要依托供销合作社、邮政以及大型龙头流通、电商企业，建设完善农村电子商务配送和综合服务网络，畅通工业品下乡、农产品进城双向流通渠道，加快完善农村物流配送体系建设。此外，还要探索建立农村电商品牌目录制度，健全农村电商品牌使用监管和预警体系，将农村电商品牌目录作为统一组织，发布农业品牌权威信息、指导地方政府和农业生产经营者创建品牌、引导品牌消费的重要平台。

（3）加强农村电商品牌助力乡村振兴宣传推介　各地要引导和支持媒体、报刊全方位展示和宣传农村电商品牌助力乡村振兴形象，提升品牌好感度，增强品牌影响力。同时，要充分利用各类展览展示平台，搭建品牌农产品营销推介平台，拓宽品牌农产品销售渠道。并且依法严厉打击假冒、伪造等侵犯品牌的行为，加强品牌监管和保护，提高全社会和农户商标品牌意识，提高品牌影响力。

示例

农产品区域公用品牌

农产品区域公用品牌是指在一个具有特定自然生态环境、历史人文因素的区域内，由相关组织所有，由若干农业生产经营者共同使用的农产品品牌。该类品牌由"产地名＋产品名"构成，原则上产地应为县级或地市级，并有明确生产区域范围。作为农产品品牌的一种重要类型，农产品区域公用品牌指的是特定区域内相关机构、企业、农户等所共有的，在生产地域范围、品种品质管理、品牌使用许可、品牌营销与传播等方面具有共同诉求与行动，以联合提供区域内外消费者的评价，使区域产品与区域形象共同发展的农产品品牌。例如，盘锦大米、烟台苹果、胶州大白菜、烟台大樱桃、和田玉枣、眉县猕猴桃、吐鲁番葡萄干等。

50. 农村电商如何做好品牌营销？

对于电子商务卖家，品牌战略的重要性毋庸置疑，农村电商更是如此。品牌，意味着价值的增值和利润的提升，对于本就缺少利润点的农产品而言，更加珍贵。对于农业相关从业者来说，品牌战略的意思是企业以品牌作为核心竞争力进行市场营销，最终获得差别利润的一种营销模式。跨境电商品牌战略有助于确定客户如何看

待卖家的业务和产品。制订品牌战略首先需要知道自己的定位。要有自己独到的地方以避免与其他竞争品牌打价格战。对跨境电商卖家而言，为自己的电商网站或者店铺建立品牌战略也是一种很有效的营销方式以提升网站或者店铺的客户留存率，提升客户的忠诚度。在拓展业务的其他方面之前确定品牌战略和定位也非常重要。

(1) 找好品牌定位 建立符合自己产品特色的品牌定位是品牌战略的基础，目标是让品牌在竞争对手中脱颖而出，并给客户购买产品的理由。例如，是向政府牵头的"农产品公共区域品牌"方向靠拢，还是自己形成自有品牌。

(2) 确保产品质量 产品质量作为品牌营销工具是建立客户对品牌忠诚度非常有效的方法。品牌的打造，更多意味着是在产品质量上突出品牌。如今，如果卖家销售的产品不是以质量为基础进行构建或设计的，将看不到回头客。更糟糕的是，卖家会看到客户用社交媒体平台表示对产品的不满。如果始终能够保持优秀的产品质量，毫无疑问，卖家将拥有忠诚的回头客。如果卖家产品被顾客称为"终身购买"的产品，卖家就不用愁了。

(3) 品牌推广 首先，形成品牌推广方案；其次，选择品牌推广渠道。目前，做电商品牌推广，除了传统的媒体广告外，还可以采用微博推广、微信推广、今日头条等社交媒体的软文嵌入推广、直播推广等方式。

示例

品牌推广

（1）让专业设计师来设计一套精美的品牌 logo。

（2）在日常的推广运营过程中，所有平台使用相同的个人资料、图片，将品牌整合到每个平台中。

（3）所有平台的内容输出上语言表达和风格保持一致。

---

(4) 做好信息回馈 品牌可以在嘈杂的网络世界中以回馈客户的精神来很好地定位自己。无论卖家电子商务店有多少销售额，总

会有机会与客户分享感激之情。卖家需要确保可以花费一些时间去感谢客户。这不仅使卖家品牌成为感恩的代名词，并且获得了客户的支持。这是让客户回购的很好方式。

51. 什么是电商扶贫？

电商扶贫是指引导和鼓励第三方电商企业建立电商服务平台，注重农产品上行，促进商品流通，不断提升贫困人口利用电商创业、就业能力，拓宽贫困地区特色优质农副产品销售渠道和贫困人口增收脱贫渠道，让互联网发展成果惠及更多的贫困地区和贫困人口。电商扶贫的基本原则如下。

（1）政府引导、市场主导 坚持政府引导、扶持不干预、服务不包揽，充分发挥市场在农村电商资源配置中的决定性作用，培育发展贫困地区电商产业，带动贫困人口就业增收脱贫。

（2）多元平台、突出特色 选择国内较为成熟的第三方电商服务平台开展合作，结合不同电商企业发展方向和贫困地区实际情况，注重农副产品上行，突出特色、因地制宜，搭建贫困地区产品和电商平台间的桥梁。

（3）先易后难、循序渐进 对具有一定资源优势、产业和电商基础好、工作积极性较高的贫困县，可首先列入电商扶贫示范，边探索、边总结、边推广。

（4）社会参与、上下联动 整合各类扶贫资源，鼓励引导市场化电子商务平台和电子商务服务商等广泛参与，充分调动贫困群众利用电子商务、参与电子商务产业链的主动性、积极性。

（5）鼓励创新、典型引路 坚持以基层实践推动政策体系创新，及时发现和总结电商在推动精准扶贫、精准脱贫方面的典型模式，总结推广一批可学习、可操作、可复制、可推广的经验。

电商在扶贫体系中扮演着重要角色。贫困人群不再只是接受政府、社会和企业的捐助实现脱贫，而是通过电子商务的途径向城镇输出优质可靠的农副产品来获得收入，这一过程体现农村扶贫从"输血"到"造血"的本质性变化，独立求发展的扶贫理念和互联网思维成为农村改变贫困落后境遇的重要助推力。

52. 农村电商扶贫的成功案例有哪些?

（1）黑龙江龙江县："篱笆小院" 2019年龙江县"篱笆小院"电商扶贫项目，实现小菜园种植总面积1 330亩，辐射8个乡（镇），亩均增收3 000～5 000元。参与项目的1 351户贫困户全部脱贫。龙江县特创"篱笆小院"助力电商扶贫模式，具有促进深加工贯彻"粮头食尾"、打造产业闭环实现三产融合、造血式扶贫发挥贫困户自主能动性等特点。

该模式分三个阶段完成整个过程。第一阶段，根据市场确定产业方向。首先根据网上农特产品的销量来倒推产业发展的方向，再结合龙江县的气候、积温等实际条件选择种植业结构调整的品种。2017年通过查询网上数据，发现辣椒酱、干菜、黏玉米等销量好、附加值高，因此，确定2018年种植业结构调整示范为引导贫困户种植朝鲜辣椒、泰国架豆、山西糯玉米等。第二阶段，寻求龙头企业签约订单种植。寻找相关合作社或企业作为龙头，协调其与贫困户签订订单种植合同。收购价格均高于市场价格，一方面使贫困户有种植保障，提高抗击市场风险能力；另一方面使龙头企业有稳定的种植基地，提高其标准化水平，使产销能够有效对接。第三阶段，政府牵线打造产业闭环。政府主导、企业主体，全产业谋划，分要素推进，形成产业闭环。一方面政府为贫困户免费提供种植所需的品种和农资，提高贫困户的净收益；另一方面政府帮助龙头企业自建或者选择外地企业贴牌进行产品深加工，延长产业链条，并帮助企业将产品开发成辣椒酱、架豆干、真空鲜食糯玉米等网货。

最后，帮助企业通过龙江原产地商品官方旗舰店等电商平台对开发的网货进行销售，这样既可以帮助贫困户拓宽销售渠道、增加收益，也可以为城市居民提供安全营养的农家小园绿色健康食材，打造产业的闭环，从而引导产业由小园向大田发展，贫困户的致富能力不断增强，产业的品牌知名度不断提升。

（2）新疆喀什巴楚县："互联网＋扶贫" 新疆喀什巴楚县英吾斯塘乡背靠塔克拉玛干沙漠，这里交通闭塞，长年饱受沙尘暴侵扰，农业种植结构单一。库克拜热甜瓜是英吾斯塘乡唐努尔片区农民主要的收入来源，但由于巴楚距离内地路途遥远，加上村民对内地市场不了解、不懂汉语，库克拜热甜瓜一直面临"酒香也怕巷子深"的窘境。由于长久以来当地农户在对接市场上存在不顺畅的情况，库克拜热甜瓜基本上都是在英吾斯塘乡唐努尔片区就近销售。在甜瓜丰收的时节，1 千克瓜收购价仅为 1.4 元。当地农户为了多赚一些，就会在 8 月甜瓜丰收时节把一部分瓜储存到自家的瓜窖，等到冬天的时候价格稍高一些再卖掉。然而，有时候由于瓜窖温度过高，甜瓜烂掉的现象也时有发生。

对此，当地政府联动各方探索"互联网＋扶贫"模式。因为用传统线下渠道无法完全解决库克拜热甜瓜的销售问题，上海市援疆巴楚分指挥部联合巴楚县政府、农村淘宝、当地龙头电商企业维吉达尼，四方发挥各自的资源、技术优势，通过政府支持、平台引导、精准定位、市场运作的方式，用现代供应链方法推广当地产业，利用先进的订单农业模式，通过"互联网＋扶贫"的方式提升产品种植标准和产品品质，实现贫困县农业规模化、标准化、产品化和品质化，促进其互联网销售，此前，在英吾斯塘乡唐努尔片区，较为传统的销售方式就是零散农户赶着毛驴车到片区周边就近销售甜瓜，分散的销售作业方式使瓜农无法灵活应对甜瓜整体环境的市场变化。因此，农村淘宝旗下的"淘乡甜"采取了提前收集消费者订单的方式，一个多月时间，库克拜热甜瓜在淘宝平台已销售超过 1 万份。预售方式能提前为瓜农回笼资金，知道客户分布进而提升物流效率并降低成本。

目前，库克拜热甜瓜从 0.8～1.4 元/千克增长到 6～8 元/千克，有效带动贫困户增收，为特色林果产品大量销往内地市场打开一条捷径。通过推动电商销售量的增长和销售价格的提升，达到扩大当地种植面积和农民增收的目标。

（3）山东曹县大集镇：从淘宝村到淘宝镇　曹县是山东省菏泽市的一个普通贫困县，贫困人口占全市的 1/3，占全省的 1/9。山东省曹县大集镇充分利用农村电商这个市场平台，获得了当地演出服饰产业的裂变式增长；其间政府的强力催化和金融的密切配套，加速了农村电商扶贫强刺激的放大效应，实现了当地农村自家庭承包经营以来的重大经济变革。

自 20 世纪 90 年代开始，家家户户就有了在农闲时节加工戏装和演出服装的传统。但由于肩挑背扛，市场狭小，生意清淡，常年处于微利经营状态。尽管如此，作为一门养家糊口的手艺，戏装和演出服装的传统还是被延续了下来。当地政府利用这一优势，认定农村电商是难得一遇的扶贫开发抓手，必须从扶贫开发的战略高度确立电子商务发展总体规划，纳入全县科学发展综合考核。每年安排农村电商发展引导专项基金 300 万元以上，用于人才培训、服务平台和产业园区等设施配套建设，全方位完善电子商务发展的支撑体系。大集镇以最快速度成立淘宝产业发展办公室，把农村电商正式纳入政府发展规划、计划序列。

2016 年，大集镇被命名全国淘宝村，排名全国第二，成为名副其实的"山东淘宝第一镇"。靠着淘宝热，大集镇注册了 390 家服饰有限公司、16 000 家淘宝店铺、100 余家天猫店。全镇 4.5 万人，有近 2 万人从事线上销售和线下加工表演服饰，电商年销售额也由 2013 的 2 亿元迅速扩展到 2016 年的 30 亿元，三年翻了 15 倍。仅 2016 年"六一"期间，全镇表演服的销售额就超过了 12 亿元。截至 2015 年底，共有 1 118 户 2 563 人就此摘掉贫困帽子，占全部贫困人口的 60%。大集镇新增纳税企业个数及返乡创业情况连续两年居曹县第一。

53. 经营农村电商成功致富的经典案例有哪些？

（1）线上线下，一带一馆：浙江临安　浙江临安立足自己的优势产品坚果炒货，背靠紧贴杭州优越的区位优势，大力推进县域农村电子商务平台的发展。2013 年，临安各类优质生态农产品产量 25 万吨，总产值 51.5 亿元，农产品电商销售突破 10 亿元。

临安积极开展城乡村企联动，形成"两园多点"：临安农村电子商务产业园、龙岗坚果炒货食品园（城）、多个农产品基地（村）。

启示：线上线下相互配合齐头并进，阿里巴巴临安坚果炒货产业带（天猫）成为中国坚果炒货网上批发第一平台，创建集旅游、传媒、娱乐、生活、服务于一体的淘宝·特色中国临安馆和具有临安本土情怀的微信平台——微临安。

（2）打造区域电商服务孵化器：浙江丽水 县域农村电商系统网站搭建某种程度上就是一个"栽梧桐"的过程，有"梧桐"才能有凤凰。浙江丽水的"梧桐工程"就在全力打造区域电商服务中心，做好农村电子商务网站搭建的配套服务，让电商企业顺利成长壮大，这是丽水农村电子商务网站系统的最大特点。

农村电子商务网站系统建设服务中心具备四大功能：主体（政府部门、企业、个人）培育、孵化支撑、平台建设、营销推广，承担了"政府、网商、供应商、平台"等参与各方的资源及需求转化，促进区域电商生态健康发展。

启示：丽水的建设模式为"政府投入，企业运营，公益为主，市场为辅"，要把政府服务与市场效率有效结合，吸引大量人才和电商主体回流。

（3）政府当先，亲民为民：吉林通榆 吉林通榆是典型的农业大县，农产品丰富，但欠缺人才、物流等种种因素。通榆政府根据自身情况，积极"引进外援"，与杭州常春藤实业有限公司开展系统合作，为通榆农产品量身打造"三千禾"品牌。同时配套建立制作农村商城网站平台的电商公司、绿色食品园区、线下展销店等，初期与网上超市"1号店"签订原产地直销战略合作协议，通过"1号店"等优质电商渠道销售到全国各地，后期开展全网营销，借助电子商务全面实施"原产地直销"计划，把本地农产品卖往全国。

为打消消费者对农产品的疑虑，通榆县委书记和县长联名写了一封面向全国消费者的信——"致淘宝网民的一封公开信"，挂在淘宝聚划算的首页，这一诚恳亲民的做法赢得了网友的一致称赞，很大程度上提升了消费者对于通榆农产品的信任感。

启示：政府整合当地农产品资源，系统性委托给具有实力的大企业进行包装、营销和线上运营，地方政府、农户、电商企业、消

费者及平台共同创造并分享价值,既满足了各方的价值需求,同时带动了县域经济的发展。

(4)借助权威力量,由产品到产业:甘肃成县 甘肃成县县委书记李祥,在当地核桃上市前,通过个人微博大力宣传成县核桃,"今年核桃长势很好,欢迎大家来成县吃核桃,我也用微博卖核桃,上海等大城市的人都已开始预订,买点我们成县的核桃吧",该条微博被网友转评2 000余次。

在李祥的带动下,全县干部开微博卖核桃,成立电商协会卖核桃,夏季卖的是鲜核桃,冬季卖的是干核桃,还上线核桃加工品,以核桃为单品突破,打通整条农村商城网站平台产业链,再逐次推动其他农产品电商。

启示:一是将电商作为一把手工程,主导电商开局;二是集中打造一个产品,由点到面;三是集中全县人力物力,全力突破。

(5)新农村包围城市:山东博兴 当2013年全国只有20个淘宝村的时候,山东博兴县就有2个淘宝村,这是耐人寻味的现象。2013年,这两个村电商交易4.17亿元,一个做草编,一个做土布,博兴县将传统艺术与实体经营和电子商务销售平台对接,让草柳编、老粗布等特色富民产业插上互联网翅膀,实现了农民淘宝网上二次创业。

作为全国草柳编工艺品出口基地,博兴淘宝村的形成可谓自然长成,不仅货源充足,而且质量和口碑一直不错,电商门槛和成本都不高,更是易学和模仿。淘宝村的成功,进一步推动了本县传统企业的网上转型。目前,全县拥有3 000多家电商,从业人员超过2万人,80%的工业企业开展了网上贸易。

启示:一是传统外贸的及时转型;二是要发挥人才的关键作用;三是产业园区与线上的结合;四是政府的及时引导与提升。

第四章

信息进村入户助力农民致富

54. 什么是城乡"数字鸿沟"?

城乡"数字鸿沟"指的是城市居民与农村居民在拥有和使用信息技术方面的差距。城乡"数字鸿沟"反映的是城乡居民在经济和社会发展过程中存在的差距，只要城乡发展水平还存在差距，城乡"数字鸿沟"就会存在。

(1) 出现城乡"数字鸿沟"的原因

① 收入水平。收入水平决定了人们能不能付得起网络使用费，是不是买得起计算机、手机、数字电视等电器设备。

② 技术问题。农村居民会不会使用现代的信息技术，以及使用的效果如何，是否需要加强教育和培育。

③ 地理问题。网络基础设施条件落后，如部分偏远和人口稀少的地区，通信光缆铺到那里需要时间。

(2) 有效解决城乡"数字鸿沟"的方式 我国政府非常重视城乡"数字鸿沟"问题，投入了大量的资金来解决城乡"数字鸿沟"。

① 加强农村地区基础设施建设。鼓励和支持联通、电信、移动等企业加快农村地区的网络基础设施建设，实施了"村村通光纤"行动计划，我国农村地区的互联网接通率、手机信号覆盖率在全世界位居前列。

② 加强农村地区的信息化教育和培训。各级政府部门通过多种形式组织面向农村居民的教育培训，帮助大家认识互联网，培养使用互联网的习惯。例如，通过网络咨询和解决生产生活问题、购买生产生活物资、了解国家政策、网上办事等。

55. 什么是信息进村入户?

农业农村部推进实施信息进村入户整省推进示范工程，在全国选择试点，按照"四化同步"的战略部署，加快信息化与农业现代化深度融合，大力推进信息进村入户，以村级信息服务能力建设为着力点，以满足农民生产生活信息需求为落脚点，切实提高农民信息获取能力、增收致富能力、社会参与能力和自我发展能力。2017年起，在辽宁、吉林、黑龙江、江苏等10省份开展整省推进示范。2020年，益农信息社基本覆盖全国所有行政村，修通修好农村信息高速公路。

2019年，发布的《农业农村部办公厅关于全面推进信息进村入户工程的通知》，对信息进村入户工程进行了总体部署。

（1）总体目标 到2020年底，益农信息社覆盖全国80％以上的行政村，"政府＋运营商＋服务商"三位一体的推进机制进一步完善，公益服务、便民服务、电子商务、培训体验服务等内容基本满足农民生产生活需求，各类服务在一个平台协同运行，具备可持续运营能力，基层信息服务体系基本健全，服务农业农村经济社会发展的能力大幅提升。

（2）主要任务

① 全面推进益农信息社建设。按照《信息进村入户村级信息服务站建设规范》的要求，统筹做好益农信息社选建，完善软硬件设施，确保"大门常开、有人常在"。实现普通农户不出村、新型农业经营主体不出户就可享受便捷高效的信息服务。

② 全面完善市场化可持续运营机制。支持运营商、县级中心站（运营中心）和益农信息社参与"互联网＋"农产品出村进城工程，探索益农信息社升级改造为优质特色农产品产销合作社，推动农产品上网销售、实现优质优价。

③ 全面提升益农信息社服务能力。按照《信息进村入户村级信息员培训规范》的要求，加强村级信息员的选聘、培训和解聘管理，经培训、考核合格后才能上岗。拓展线上平台服务功能，让农民易用爱用，要重点提升公益服务和农产品上行的服务能力。

④ 全面聚集涉农服务资源。推进益农信息社与基层农业服务体系结合，为农技推广、农产品质量安全监管、农机作业调度、动

植物疫病防控、农村"三资"管理、农村公共服务等业务体系提供服务农民的信息通道、沟通手段和管理平台。将益农信息社作为政府服务大厅在农村的延伸，推动涉农服务事项一窗口办理、一站式服务。

⑤ 全面加强制度体系建设。建立健全管理制度体系，制定益农信息社运营管理办法，建立益农信息社登记、备案及管理考核制度，制定完善村级信息员选聘、培训、管理、考核办法，修订完善信息进村入户服务规范。

56. 什么是益农信息社？

信息进村入户工程建设的村级信息服务站统一使用"益农信息社"品牌，标牌及标识由农业农村部统一设计。益农信息社建设的目的是统筹城乡均衡发展、缩小"数字鸿沟"，将农业信息资源服务延伸到乡村和农户，通过开展农业公益服务、便民服务、电子商务服务、培训体验服务来提高农民的现代信息技术应用水平，为农民解决农业生产上的产前、产中、产后问题和日常健康生活等问题，实现普通农户不出村、新型农业经营主体不出户就可享受到便捷、经济、高效的生活信息服务。

57. 益农信息社能为农民提供的服务有哪些？

（1）买 村级信息服务站依托授权的电子商务平台为本地村民、种养大户等主体代购农业生产资料和生活用品等物资，如种子、农药、化肥、农机、农具、家电和衣物等。

（2）卖 培训和代替农村用户或种养大户等主体在电子商务平台上销售当地的大宗农产品、土特产、手工艺品等，提供休闲农业旅游预订服务，发布各类供应消息，解决当地农民渠道窄、销售难的问题。

（3）推

① 便民公益服务。利用12316、信息服务站、新农邦电商平台等，向农民精准推送农业生产经营、政策法规、村务公开、惠农补

贴查询、法律咨询、就业等公益服务信息及现场咨询。

② 协助政府部门开展农技推广、动植物疫病防治、农产品质量安全监管、土地流转、农业综合执法等业务。

③ 向农民提供农业新技术、新品种、新产品培训，提供信息技术和产品体验。帮助农民解决生产中的产前、产中、产后等技术和销售问题，促进农业、农村、农民与大市场的有效对接。

（4）缴　为村民代缴话费、水电费、电视费和保险等项目，使村民不出村、大户不出户即可办理相关业务。

（5）代　为农民提供各项代理业务，代理各种产品销售、婚庆、租车、旅游、飞机订票等商业服务；代办邮政、彩票等机构的中介业务等。

（6）取　村级信息服务站作为村级物流配送集散地，可代理各种物流配送站的包裹、信件等收取业务和金融部门的小额取款等业务，方便村民的生活。

58. 益农信息社的建设主体有哪些？

在农业农村部指导下，各省农业农村主管部门分别制订益农信息社整体建设和实施方案，优选出有意愿、有能力、有资源的企业作为省级运营主体。

省级运营主体主要负责省级综合服务系统的开发建设和运营维

护及信息员的培训，协助各级农业农村部门负责益农信息社运营，并整合金融、保险、通信、电商平台等社会资源，与其他相关的投资企业建立沟通结算机制。

市、县（区）农业农村部门按照省实施方案要求，按时完成益农信息社建设任务，确保各类公益服务、便民服务等服务资源无缝接入益农信息社。

59. 成为益农信息社的建设主体如何申请？

申请建设益农信息社，应该具备较好的、用于开展为农服务的基础设施条件。还应该从事与农业农村相关的业务，如农资销售、农业技术服务、农产品购销、农村日常生活服务等。

想申请成为益农信息社的建设主体，应该向当地政府的农业农村主管部门了解益农信息社相关建设标准和要求，按照各地制订的益农信息社建设工作方案，积极提出申请，并按照要求进行建设、认定和挂牌。

60. 什么是高素质农民？

高素质农民是以农业为职业，具有相应的专业技能，收入主要来自农业生产经营并达到相当水平的现代农业从业者。

随着农村劳动力大量向二三产业转移，新生代农民工对农业生产不熟悉不了解，留守农村从事农业的人群呈现出总量相对不足、年龄偏大、生产水平较低等问题。培育高素质农民不仅能解决"谁来种地"的现实难题，更能解决"怎样种地"的深层问题。

随着现代农业发展加快和农民教育培训工作有效开展，一大批高素质农民快速成长，一批高素质的青年农民正在成为专业大户、家庭农场主、农民合作社领办人和农业企业骨干，一批农民工、中高等院校毕业生、退役士兵、科技人员等返乡下乡人员加入高素质农民队伍，工商资本进入农业领域，"互联网+"现代农业等新业态催生一批新农民，高素质农民正逐步成为适度规模经营的主体，为现代农业发展注入新鲜血液。

61. 农民手机应用技能培训的内容是什么？

为切实提高农民利用现代信息技术，特别是运用手机上网发展生产、增收致富，2015年发布了《农业部关于开展农民手机应用技能培训提升信息化能力的通知》，在全国全面推进农民应用手机技能培训工作。通过培训，让农民愿用、会用、用好手机，给农民朋友带来更多便利、更多实惠、更多快乐，让手机成为农民发家致富的好帮手。

开展农民手机应用技能培训是为农民办的一件大实事，是一项民心工程、惠农工程，可以增强农民脱贫致富的"造血"能力。以尊重农民意愿为前提，以农民需求为导向，多层次、多渠道、多形式地为农民提供免费培训，切实为农民提供增产增收、创业致富的新途径、新动力。

（1）培训的主要目的 充分发挥农广校体系的组织优势和现代农业远程教育的传播优势，大规模开展农民手机应用技能培训，使全国农民手机应用技能和信息化意识得到大幅提升。通过手机应用技能培训，让农民采用新品种、应用新技术，科学防控动植物疫病，提高农业生产科技含量。让农民学会利用电子商务平台销售农产品，促进产销精准对接，实现优质优价。让农民在网上购买到货真价实的农业生产资料和生活消费品，降低生产生活成本。让农民享受更加灵活便捷的在线教育、医疗挂号、就业培训、贷款保险、生活缴费等公共服务，促进城乡公共服务均等化。

（2）培训的主要内容 培训内容涵盖手机性能、智能手机操作方法、手机常用软件、手机上网、电子商务、涉农手机应用服务、大数据、物联网等农民需掌握的科普知识和操作技能。以农业农村部发布的《农民手机应用》文字教材及配套课件为基本教材，结合各地实际有针对性地开展培训。

（3）培训的主要方式 ①单独组班与培训项目相结合。各地根据实际情况，可单独组织培训，也可充分借助现有培训项目，将农民手机应用技能培训与新型职业农民培育工程、农村实用人才带头人培养计划、农技人员知识更新培训、冬春农业科技大培训等项目紧密结合，同步开展培训。②理论与实践相结合。各地依据教学大纲和《农民手机应用》文字教材及配套课件，结合当地实际和学员需要，进行必要的优选调整和补充拓展，着重培养农民现代的科技意识、市场意识、信息意识，调动并激发新型职业农民对信息的需求，努力提高信息收集、信息应用和信息反馈的能力，增强培训的针对性和实效性。③线上与线下相结合。传统手段与信息化手段相结合，充分利用现代信息技术和远程手段开展全方位、多元化、能交互、可跟踪的农民手机应用技能培训，发挥农村经营管理体系、信息进村入户、12316服务体系和农广校远程教育平台的作用，为农民提供短平快的农业信息化培训指导。④农广校与联盟企业相结合。积极争取农业主管部门的支持，联合相关院校、电信运营商、电子商务企业等，为开展农民手机应用技能培训组建优质的教师队伍。组织相关单位、培训联盟企业进村入户开展培训，面对面、手把手教会农民应用手机。

62. 什么是12316"三农"服务热线？

为维护农民合法权益，方便广大农民群众投诉举报以及更便捷地面向社会公众提供"三农"信息服务，农业农村部申请了12316作为全国农业系统公益服务统一专用号码。农业农村部通过在全国推行12316"三农"服务热线，为农民提供政策、科技、假劣农资投诉举报、农产品市场供应、价格等全方位的即时信息服务，构建起了政府连接农民的连心线、科技服务农民的解忧线、市场联结农户的致富线。全国各地本着"面向'三农'，有问必答、有难必帮、有诉必查，优质快捷"的服务宗旨，不断拓宽服务领域，创新服务方式，丰富服务内容。

经过多年发展，12316"三农"服务热线建设取得了积极成效。一是工作体系初步形成，建立了一支专业门类齐全、结构合理、服务到位的专家队伍，形成了从中央到地方的组织体系。二是制度建设逐步完善，制定了咨询值班制度、首问责任制度、限时办结制度、来电来访登记和回访制度、绩效考核和责任追究制度、专家定期培训制度等一系列规章制度。

63. 什么是 12396 科技服务热线?

12396 科技服务热线是科技部与工业和信息化部联合在全国推动的农村科技信息公益性服务热线。12396 科技服务热线源于"农技 110"，"农技 110"信息服务模式是基于农村信息化的科技服务机制创新，于 1998 年产生于浙江衢州。科技部对全国"农技 110"工作进行了系统构建和全面部署，为进一步提升"农技 110"信息服务模式的发展质量，科技部联合有关部门推动在全国范围内统一农村科技信息服务号码"星火科技 12396"，并与工业和信息化部联合开展试点工作。

12396 科技服务热线，是面向"三农"开展农村科技信息服务的综合平台，是一条宣传党和国家方针政策、指导农民生产生活、汇集村情民意的民生热线。12396 科技服务热线，是科技部门转变职能、为"三农"服务新的工作方式，架起新时期农民与专家、农民与市场、农民与政府互动沟通的直通桥，全面提高农业信息服务水平。热线以农民科技需求为基础，提供全方位的科技服务，解决农民的生产难题，为政府提供决策信息。

64. 科技特派员主要负责什么?

科技特派员是指经地方党委和政府按照一定程序选派，围绕解决"三农"问题和农民看病难问题，按照市场需求和农民实际需要，从事科技成果转化、优势特色产业开发、农业科技园区和产业化基地建设以及医疗卫生服务的专业技术人员。科技特派员制度是一项源于基层探索、群众需要、实践创新的制度安排，主要目的是引导各类科技创新创业人才和单位整合科技、信息、资金、管理等现代生产要素，深入农村基层一线开展科技创业和服务，与农民建立"风险共担、利益共享"的共同体，推动农村创新创业深入开展。

农村基层一线科技力量不足、科技服务缺位是广大农民反映突出的问题。如何解决这一难题？1999 年，福建省南平市率先推出科技特派员制度，南平人把破解"三农"难题的第一脚踩在科技上，"让技术长在泥土里"，引发了广泛关注。

2002 年，时任福建省省长的习近平在对南平市向农村选派干部的工作进行专题调研后，在《求是》刊文《努力创新农村工作机制》，指出南平市的这种做法是对新形势下农村工作机制的创新。

2002 年 10 月，科技部总结福建南平科技特派员实践经验，在宁夏、陕西、甘肃、青海、新疆西北五省（自治区）开展科技特派员试点工作。

2009 年，科技部、人社部、农业部等八部委在全国范围内启动科技特派员农村科技创业行动。

2016 年 5 月，国务院办公厅印发《关于深入推行科技特派员制度的若干意见》，在国家层面对科技特派员工作进行了顶层设计和谋篇布局。

从地方实践上升成为国家层面制度性安排，科技特派员制度展现出强劲的生命力。从福建南平的"星星之火"到全国推广的"创新之花"，20 年来，我国科技特派员制度取得丰硕成果。做给农民看、带着农民干、帮着农民赚等。目前，全国科技特派员已领办创办 1.15 万家企业或合作社、平均每年转化示范 2.62 万项先进适用技术，为科技兴农富农作出突出贡献。实践证明，科技特派员制度在助力打赢脱贫攻坚、推动乡村振兴发展中焕发出勃勃生机，把科技的旗帜插遍祖国的县域和乡村。

习近平总书记对科技特派员制度推行 20 周年作出重要指示指出，科技特派员制度推行 20 年来，坚持人才下沉、科技下乡、服务"三农"，队伍不断壮大，成为党的"三农"政策的宣传队、农业科技的传播者、科技创新创业的领头羊、乡村脱贫致富的带头人，使广大农民有了更多获得感、幸福感。

65. 什么是"星创天地"？

2017 年中央 1 号文件——《中共中央国务院关于深入推进农业供给侧结构性改革加快培育农业农村发展新动能的若干意见》提出，打造一批"星创天地"，这也是在 1 号文件中首次出现的新名词。

"星创天地"简单来说，就是"星火燎原、创新创业，科技顶天，服务立地"，既是农业科技创新创业服务平台，又是新型职业农民的"学校"和创新型农业企业家的"摇篮"，是农村科技创新创业服务体系的重要组成部分，是推行科技特派员创新制度的重要举措。

"星创天地"为农村创新创业提供良好环境，降低创业门槛，减少创业风险。相对于星火计划，"星创天地"在服务对象、服务内容、服务方式等方面有了进一步提升，从服务传统农业和传统农民向服务现代农业和新型职业农民转变；从示范推广"短、平、快"的实用技术向转移转化"高、新、特"的农业高新技术转变；从科技研发管理向创新服务转变；从"输出一人、致富一家"的加法向"一人创业、致富一方"的乘法转变；从推进农村工业化进程的目标向促进农村一二三产业融合、产城产镇产村融合发展的目标转变。

"星创天地"是发展现代农业的众创空间，是农村"大众创业、万众创新"的有效载体，是新型农业创新创业"一站式"开放性综合服务平台，旨在通过市场化机制、专业化服务和资本化运作方式，利用线下孵化载体和线上网络平台，聚集创新资源和创业要素，促进农村创新创业的低成本、专业化、便利化和信息化。

科技部发布的《发展"星创天地"工作指引》明确指出，要按照"政府引导、企业运营、市场运作、社会参与"原则，以农业高新技术产业示范区、农业科技园区、高等学校新农村发展研究院、农业科技型企业等为载体，整合科技、人才、信息、金融等资源，面向科技特派员、大学生、返乡农民工、职业农民等创新创业主体，集中打造融合科技示范、技术集成、成果转化、融资孵化、创新创业、平台服务为一体的"星创天地"，营造低成本、专业化、社会化、便捷化的农村科技创业服务环境，推进一二三产业融合发展，使农村科技创业之火加快形成燎原之势。鼓励各地因地制宜、各具特色地规划布局建设"星创天地"。在城市近郊区，以发展农业高新技术产业和企业孵化为重点，服务都市农业、休闲农业与有机蔬菜瓜果、农产品深加工等产业发展；在农村集中区，立足区域特色，聚集农业适用技术成果，服务特色种植养殖、生态农业与乡村旅游等产业发展。

"星创天地"是科技部科技计划体制改革农业领域的重要内容之一，是针对未来农业科技发展打造的新型农业创新创业"一站式"开放性综合服务平台。以农业科技园区、科技特派员创业基地、科技型企业、农民专业合作社等为载体，通过吸纳返乡农民工、大学生、农业致富带头人创新创业，利用线下孵化载体和线上网络平台，聚集创新资源和创业要素，促进农业科技成果转化与产业化。

66. 为农服务中心的职责是什么？

在长期的为农服务实践中，供销合作社形成了独具中国特色的组织和服务体系，组织成分多元，资产构成多样，地位性质特殊，既体现党和政府政策导向，又承担政府委托的公益性服务；既有事业单位和社团组织的特点，又履行管理社有企业的职责；既要办成以农民为基础的合作经济组织，又要开展市场化经营和农业社会化服务，是党和政府以合作经济组织形式推动"三农"工作的重要载体，是新形势下推动农村经济社会发展不可替代、不可或缺的重要力量。

《中共中央 国务院关于深化供销合作社综合改革的决定》指出，供销合作社要把为农服务放在首位。面向农业现代化、面向农民生产生活，推动供销合作社由流通服务向全程农业社会化服务延伸、向全方位城乡社区服务拓展，加快形成综合性、规模化、可持续的为农服务体系，在农资供应、农产品流通、农村服务等重点领域和环节为农民提供便利实惠、安全优质的服务。

全国各地的供销合作社开展了为农服务中心建设，围绕破解"谁来种地""地怎么种"等问题，为农服务中心采取大田托管、代耕代种、股份合作、以销定产等多种方式，为农民和各类新型农业经营主体提供农资供应、配方施肥、农机作业、统防统治、收储加工等系列化服务，推动农业适度规模经营。创新农资服务方式，推动农资销售与技术服务有机结合。

依托为农服务中心，农业社会化服务内容更加丰富、服务力量更加强大、服务效率更加提升、服务方式更加有针对性，有效激发了供销合作社的发展活力，拉近了与农民朋友的距离，与农民结成真正的利益共同体。

67. 什么是手机 APP？

手机 APP 也称手机客户端、手机应用程序、APP 应用软件等。通俗来说，就是安装在智能手机里面经常使用的各种软件，如微信、淘宝、京东等。

随着智能手机和平板电脑等移动终端设备的普及，人们越来越习惯于使用手机 APP 客户端上网的方式，也有越来越多的企业拥有了自己的手机 APP 客户端。各大网上购物平台也逐渐开始向移动端转移，其主要原因在于，移动手机 APP 的便捷性，可以为企业积累更多的用户，为企业的盈利和未来的发展起到关键性的作用。

根据手机 APP 安装来源不同，又可分为手机预装软件和用户自己安装的应用软件。手机预装软件一般指手机出厂就已经安装到手机当中、且消费者无法自行删除的应用软件。除了手机预装软件之外，还有用户从手机应用市场自己下载安装的手机 APP 应用，可以随意删除。

由于很多不正规的手机 APP 存在一定危害，会对手机安全造成隐患，甚至偷取用户的数据和信息，下载和安装手机 APP 要注意以下几点。

（1）安装可靠的手机安全防护软件，定期升级，以提升信息安全性。

（2）尽量选择从手机软件的官方网站、信誉良好的应用商店等正规渠道下载手机 APP，不要轻易点击手机 APP 中的弹出的广告和各种链接，不扫描来源不明的二维码。

（3）定期通过手机安全防护软件查杀手机木马，管理手机 APP 的访问权限，阻止手机 APP 收集个人信息。

68. 什么是微信公众号？

微信公众号是微信主要面向名人、政府、媒体、企业等机构推出的合作推广业务。在这里可以通过微信渠道将品牌推广给上亿的微信用户，减少宣传成本，提高品牌知名度，打造更具影响力的品牌形象。微信公众号的口号是"再小的个体，也有自己品牌"，足以见得其作用。

微信公众号被分成订阅号和服务号。运营主体是组织（如企业、媒体、公益组织）的，可以申请服务号。运营主体是组织和个人的可以申请订阅号，但是个人不能申请服务号。

服务号：1 个月内仅可以发送 4 条群发消息。服务号发给用户的消息会显示在用户的聊天列表中。并且在发送消息给用户时，用户将收到即时的消息提醒。

订阅号：每天可以发送 1 条群发消息。订阅号发给用户的消息，将会显示在用户的订阅号文件夹中。在发送消息给用户时，用户不会收到即时消息提醒。在用户的通讯录中，订阅号将被放入订阅号文件夹中。

账号申请：可以登录微信公众平台，进行注册公众微信账号，确认成为公共账号用户。申请的中文名称是可以重复的，不需要担心上面有人抢注了你的微信公众号，微信号是唯一的，且不可以修改。确认公共账号后，就会进入微信公众平台的后台。后台很简洁，主要有实时交流、消息发送和素材管理。用户可以对自己的粉丝分组管理，实时交流都可以在这个界面完成。

69. 什么是抖音?

抖音（短视频软件）是一款社交类的手机软件，通过抖音可以拍摄短视频分享生活，同时也可以认识到很多朋友，了解各种奇闻趣事。

可以通过手机应用市场搜索安装抖音 APP，进行注册后就可以发布自己的短视频作品，还可以吸引粉丝关注，分享交流自己的生活。

类似抖音的手机短视频软件还有快手、火山小视频、西瓜视频等。

第五章

政策支持与法律保障

70. 农村物联网技术应用发展的政策支持有哪些?

物联网技术是现代农业的重要支撑,既可以用于发展规模化的设施农业,实现农业生产的自动化和智能化,降低规模化经营的风险;又可以用于对农产品品质的监控与溯源,使得农产品品质处于高度可控的状态,促进农村电商品质的提升。近年来,国家出台了一系列有关农村物联网技术发展的政策,是加快农业物联网设施建设、实现技术落地的有力保障,具体如下。

发文时间	发文单位	文件名称	主要内容
2018 年 1 月	中共中央、国务院	《中共中央 国务院关于实施乡村振兴战略的意见》	夯实农业生产能力基础,大力发展数字农业,实施智慧农业林业水利工程,推进物联网试验示范和遥感技术应用
2018 年 9 月	中共中央、国务院	《乡村振兴战略规划(2018—2022 年)》	大力发展数字农业,实施智慧农业工程和"互联网＋"现代农业行动,鼓励对农业生产进行数字化改造,加强农业遥感、物联网应用,提高农业精准化水平。发展智慧气象,提升气象为农服务能力
2019 年 1 月	中共中央、国务院	《中共中央 国务院关于坚持农业农村优先发展做好"三农"工作的若干意见》	实施数字乡村战略,深入推进"互联网＋农业",扩大农业物联网示范应用
2019 年 2 月	中共中央、国务院	《关于促进小农户和现代农业发展有机衔接的意见》	实施"互联网＋小农户"计划,加快农业大数据、物联网、移动互联网、人工智能等技术向小农户覆盖,提升小农户手机、互联网等应用技能,让小农户搭上信息化快车

（续）

发文时间	发文单位	文件名称	主要内容
2019 年 5 月	中共中央、国务院	《数字乡村发展战略纲要》	推进农业数字化转型，加快推广云计算、大数据、物联网、人工智能在农业生产经营管理中的运用。建设智慧绿色乡村，加大农村物联网建设力度，实时监测土地墒情，促进农田节水
2020 年 1 月	中共中央、国务院	《中共中央 国务院关于抓好"三农"领域重点工作 确保如期实现全面小康的意见》	依托现有资源建设农业农村大数据中心，加快物联网、大数据、区块链、人工智能、第五代移动通信网络、智慧气象等现代信息技术在农业领域的应用
2020 年 1 月	中央网信办、农业农村部	《数字农业农村发展规划（2019—2025 年)》	发展农业物联网观测网络建设应用项目，整合利用农业遥感监测地面网点县、农业物联网试验示范区（点）、农业科学观测试验（监测）站（点）、数字农业试点县、现代农业园区中的物联网数据采集设施，强化地面实时观测和数据采集能力，提高分析精度，形成全国统一的农业农村地面物联网数据调查体系

71. 农村电商发展的政策支持有哪些?

为提升农村电子商务对"三农"发展的促进作用，国家有关部门印发了一系列推动农村电子商务发展的政策文件，从顶层设计上谋划全国农村电子商务发展，推动农村电子商务落地实施。内容如下。

发文时间	发文单位	文件名称	主要内容
2017年2月	中共中央、国务院	《中共中央 国务院关于深入推进农业供给侧结构性改革 加快培育农业农村发展新动能的若干意见》	建立和完善县、乡、村三级电商服务体系，以"互联网＋"整合农村电商资源、与相关工作相结合，赋予农村电商新内涵、要着力解决"痛点"问题，保障农民权益，方便农民生活
2017年8月	商务部、农业部	《商务部 农业部关于深化农商协作大力发展农产品电子商务的通知》	提出十项重点任务：开展农产品电商出村试点、打造农产品电商供应链、推动农产品产销衔接、实施农村电商百万带头人计划、提高农产品网络上行的综合服务能力、强化农产品电子商务大数据发展应用、大力培育农业农村品牌、健全农产品质量安全检测和追溯体系、开展农产品电子商务标准化试点、加强监测统计和调查研究
2018年5月	财政部	《关于开展2018年电子商务进农村综合示范工作的通知》	将通过鼓励各地优先采取以奖代补、贷款贴息等资金支持方式，以中央财政资金带动社会资本共同参与农村电子商务工作
2019年1月	国务院	《国务院办公厅关于深入开展消费扶贫助力打赢脱贫攻坚战的指导意见》	要动员社会各界扩大贫困地区产品和服务消费，大力拓宽贫困地区农产品流通和销售渠道，打通供应链条，拓展销售途径，加快流通服务网点建设，全面提升贫困地区农产品供给水平和质量
2019年2月	中共中央、国务院	《关于促进小农户和现代农业发展有机衔接的意见》	实施"互联网＋小农户计划"，发展农村电子商务，鼓励小农户开展网络购销对接，促进农产品流通线上线下有机结合。深化电商扶贫频道建设，开展电商扶贫品牌推介活动，推动贫困地区农特产品与知名电商企业对接

（续）

发文时间	发文单位	文件名称	主要内容
2019 年 5 月	中共中央、国务院	《中共中央 国务院关于建立健全城乡融合发展体制机制和政策体系的意见》	建立新产业新业态培育机制。依托"互联网＋"和"双创"推动农业生产经营模式转变，健全乡村旅游、休闲农业、民宿经济、农耕文化体验、健康养老等新业态培育机制，探索农产品个性化定制服务、会展农业和农业众筹等新模式，完善农村电子商务支持政策，实现城乡生产与消费多层次对接
2019 年 5 月	财政部、商务部	《财政部办公厅 商务部办公厅 国务院扶贫办综合司关于开展 2019 年电子商务进农村综合示范工作的通知》	在农村流通、电商扶贫、农业供给侧结构性改革等领域培育一批各具特色、经验可复制推广的示范县。鼓励各地优先采取以奖代补、贷款贴息等支持方式，通过中央财政资金引导带动社会资本共同参与农村电子商务工作

72. 农村电商经营可供参考的法律、法规和标准有哪些？

（1）法律、法规 2019 年 1 月 1 日开始实施的《中华人民共和国电子商务法》，是我国在电商方面的首部综合性法律。其中，第六十八条是针对农村电商提出的，具体条规是：国家促进农业生产、加工、流通等环节的互联网技术应用，鼓励各类社会资源加强合作，促进农村电子商务发展，发挥电子商务在精准扶贫中的作用。从这条法规就足以看出国家对农村电商的期待，农村未来的市场前景有多么广阔。

《中华人民共和国电子商务法》第十条还提到了和农村电商相关的法规，具体是：电子商务经营者应当依法办理市场主体登记。但是，个人销售自产农副产品、家庭手工业产品，个人利用自己的技能从事依法无须取得许可的便民劳务活动和零星小额交易活动，以及依照法律、行政法规不需要进行登记的除外。这条规定可以看出国家对农村电商还是给予了一个比较宽松的环境，也帮农民朋友节省了不少的时间和手续，还可以免除税费，真的是省了一笔钱。

在电商市场总体更严格的情况下，还是给农村电商留了一个相对宽松的环境，并从各个技术层面上帮助农村电商的发展，最终的目的还是振兴农村经济、推动扶贫工作的进一步发展。

（2）标准规范　2019 年 12 月 31 日发布实施的国家标准《农村电子商务服务站（点）服务与管理规范》对农村电子商务服务站（点）的建设模式、服务内容、服务流程、服务要求以及管理要求制定了标准化的组织实施意见。例如，在村级服务站工作（点）人员要求方面，阿里巴巴农村电商村级服务站（点）执行标准是配备 1 名及以上专职工作人员，且参加过相应专业电商知识及操作培训，能够熟练操作平台上的各项服务功能。从业人员要求：专职服务；有理想、有抱负，为了建设美丽新农村而努力的群体；无违法犯罪记录，无不良信誉记录。为人诚信，服务态度良好，在当地有较好口碑及人际关系（大专以上学历为最佳）；充分认同农村电子商务项目，自愿申请成为服务站（点）从业人员，并接受相应的管理。熟悉当地村民与产业情况，本村居民优先考虑。

在国家层面，相关的标准规范还有中国标准化研究院正在起草的《农业社会化服务　生鲜农产品电子商务交易服务规范》《农产品电子商务供应链质量管理规范》等。地方层面，各省也均有制定相关的地方标准。各标准规范的陆续实施目的是引导各地农村电子商务服务站（点）标准化和规范化建设与运营，提升管理水平和服务质量，推动我国农村电子商务产业健康有序发展，农民作为农村电商经营的直接参与者，不仅要积极参与其中，更需要按照标准规范的要求，严格规范生产经营行为，以优质服务获取高质收益。更多标准信息可登录全国标准信息公共服务平台进行查询。

标准号	标准类型	标准性质	标准状态	标准名称
GB/T 38354—2019	国家标准	推荐性	现行	农村电子商务服务站（点）服务与管理规范
GB/T 37675—2019	国家标准	推荐性	现行	农业生产资料供应服务 农资电子商务交易服务规范
20194480—T—424	国家标准	推荐性	制定	农业社会化服务 生鲜农产品电子商务交易服务规范
20180016—T—469	国家标准	推荐性	制定	农产品电子商务供应链质量管理规范
DB37/T 3539—2019	山东省地方标准	推荐性	现行	农产品电子商务包装通用规范
DB51/T 2396—2017	四川省地方标准	推荐性	现行	农村电子商务服务站（点）服务与管理规范
DB33/T 982—2015	浙江省地方标准	推荐性	现行	农村电子商务服务站（点）管理与服务规范
DB23/T 2106—2018	黑龙江省地方标准	推荐性	现行	农村电子商务服务站（点）管理与服务规范
DB41/T 1672—2018	河南省地方标准	推荐性	现行	电子商务 农村服务站（点）建设与管理规范
DB35/T 1601—2016	福建省地方标准	推荐性	现行	农村电子商务服务站（点）设置与服务要求
DB12/T 876—2019	天津市地方标准	推荐性	现行	农村物流综合服务站点运营服务规范
DB52/T 1376—2018	贵州省地方标准	推荐性	现行	村镇电子商务服务站物流设置与服务规范

73. 农村电商面临的主要风险有哪些？

现有的政策法规为农村电商提供了前所未有的优惠条件和经营保障，与此同时，也为未来的电商经营提出了更高的要求。例如，国家对电商商品的交付时限以及运输风险有了更加严格的要求。农村电商有很大一部分都是靠生鲜果蔬等农产品，而这类商品都是对时效性要求比较高的，如何打造物流链、加工链、生产链就变得尤为重要。在电商平台是一视同仁的，所有的经营者都需要经过严格的审核登记在案，并按时更新。由于农村电商的链条很长，除非是自己作为直销商在网络上售卖，未来的农产品购买需要追溯到个人，因此，也在无形中推动的农村电商的质量走优质的高档路线。另外，农村电商经营的生鲜农产品大多是可食用的，对于消费者的生命健康也有一定的风险，因此，在电商经营中一定要注意风险防范。

74. 数字乡村建设进程中国家释放的政策红利有哪些？

4G 深化普及、5G 创新应用，加快推广云计算、大数据、物联网、人工智能已不是城市的"专利"，数字技术将成为支撑农业发展，提升农村信息化应用水平，推进农村新型发展方式转变的助推器，数字乡村建设如今已经成为农业现代化中的政策扶持高地。尤其是《中共中央国务院关于实施乡村振兴战略的意见》《乡村振兴战略规划（2018—2022 年）》和《国家信息化发展战略纲要》等政策的持续贯彻，"三农"工作面貌更加焕然一新，农民们笑逐颜开。

（1）数字农业补贴正在落地 在《数字农业建设试点总体方案（2017—2020 年）》中指出，2017 年，农业部重点开展大田种植、设施园艺、畜禽养殖、水产养殖 4 类数字农业建设试点项目，结合产业类型，支持精准作业、精准控制设施设备、管理服务平台等内容建设，每个试点项目总投资应在 3 500 万元以上。2020 年正值方案收官之年，全国农业农村各条战线紧抓机遇、迎接挑战，不断深化应用先进的数字化技术，取得了显著成效。

（2）农村互联网基础设施持续完善 宽带中国战略加快推进了宽带乡村工程和电信普遍服务补偿试点建设，农村互联网基础设施快速发展，达到世界领先水平。截至 2018 年底，我国行政村通光纤比例已从电信普遍服务试点前的不到 70% 提升至目前的 96%，行政村 4G 网络覆盖率达 95%。贫困村通宽带比例提升至 97%，其中固定宽带用户数增至 4 522.9 万户，移动宽带用户数增至 16 854.6万户，已提前实现《"十三五"国家信息化规划》提出的宽带网络覆盖 90% 以上贫困村的目标。

（3）信息惠农服务不断深化 数字乡村建设中要充分考虑农民需求，提高农民的参与度和积极性，提高农民的获得感和幸福感。《数字乡村发展战略纲要》明确指出：要提升乡村治理能力，提高农村社会综合治理精细化、现代化水平。推动"互联网＋社区"向农村延伸，大力推动乡村建设和规划管理信息化。依托全国一体化在线政务服务平台，加快推广"最多跑一次""不见面审批"等改革模式，推动农村政务服务"网上办""马上办""少跑快办"，提高群众办事便捷程度。

75. 农民如何分享数字乡村建设的红利？

大家都说城市里有蓝领、白领、金领，而在农村，新型农民可以被称作"绿领"。在政策红利的召唤下，已经有一批企业家、农业技术专家和人才到农村去了，另外还有一批在城里务工三五年的农民，也回乡创业去了，成为"绿领"新农人。

（1）卖系统设备，当施工队长 开展数字乡村建设必然要以硬件投入为先导，中央文件中也对此有明确规划，要求以 2020 年、2025 年、2035 年为时间节点，分近、中、晚三期开展乡村数字化基础设施建设。据测算，建设总投资额将以数十亿元人民币计算，赚钱前景十分可观。具体来说，有技术储备的农民朋友，可以开办面向农村市场的电信设备企业，重点售卖北斗系统设备、宽带耗材、物联网装置等，在助力乡村建设中获得自身发展；没有太多技术的农民朋友，可以去当施工队长，为农户架设宽带、安装数字电视等，这一工作技术门槛低，市场前景非常好。

（2）建智慧物流，做乡村电商 智慧物流、农村电商，对当下的农村市场来说，均是前景广阔的"蓝海"。传统物流将随着数字乡村建设的深入而进入 2.0 时代，在这个以数字经济为支撑的新时代里，农民朋友可以经营智慧物流，整合乡镇各类物流快递站点，充分利用互联网技术，实现物流的精准感知，快递的精确送达，大大改变传统物流费时、费力、效能低的状况，大幅提高工作效率。另外，农民朋友还可以从事农村电商行业，以智慧物流、云计算为支撑，对客户需求进行精准测算，精准推送，产品紧紧贴合客户需求，商家卖的东西就是顾客想要买的货品，货品永远只比需求快半步，从而实现电商经营的数字化，大大增加网店的经营效益。

(3) 建科技驿站，做农技达人　数字乡村的推进，将给农村种植、养殖、加工等传统环节插上科技的翅膀，对科技的供给产生了更多需求。农民朋友可以从这方面入手，投身农村科技工作，建立农村科技驿站，作农技达人，以知识付费的方式，向群众提供科技服务。科技驿站的建设，可以采取线上与线下相结合的方式进行，使农民朋友既能享受线上海量资源的便捷获取，又能得到线下驿站主人"一对一"的精准服务，以此来吸引、留住客户。同时，驿站经营还可以混搭科技图书售卖、农技用品销售等，为农民朋友提供全流程科技服务，在取得良好社会效益的同时，获取良好的经济回报。

(4) 建生态店铺，卖环保用品　《数字乡村发展战略纲要》提出，要树立生态优先思想，建设智慧绿色乡村，且一并推出了数十项支撑举措。顺应这一发展趋势，生态环保等用品很快将在乡村地区迎来良好市场前景。为此，农民朋友可以早动手、早布局，在农村建生态店铺，卖环保用品。具体来说，可以通过线上加实体的方式，重点销售农田节水、农药检测、土壤墒情监控、农村保洁、饮用水净化等设施设备，而在这方面，农村市场几近空白，市场空间巨大。

(5) 投身网络文化，享受流量红利　数字乡村建设将助推乡村文化驶上信息化的快车道，从而给网络文化建设增添更多商机。农民朋友可以把握这一趋势，紧盯短视频营销、直播营销等网络文化风口，开展农村网络文化建设经营活动，借用信息化、数字化手段，借助抖音、快手等网络平台，推荐农村网商明星，分享亿万流量红利。这方面，很多农村地区已经开始尝试并初步尝到了甜头，下一步，借助数字乡村建设的更大助推，网络的造富功能将得到进一步强化。

76. 数字普惠金融的惠农政策有哪些?

2019 年 2 月，中国人民银行、银监会、保监会、证监会、财政部、农业农村部联合印发《关于金融服务乡村振兴的指导意见》，指出，要进一步强化金融产品和服务方式的创新，推动新技术在农村金融领域的应用推广，以更好地满足乡村振兴多样化融资需求。

数字普惠金融以互联网技术、移动通信技术等现代信息技术提供金融服务，是普惠金融网络化、数字化发展的必然结果。随着数字普惠金融的发展，许多商业银行都开发了手机银行、网上银行等，为农村用户提供银行转账、电子支付、小额贷款申请等服务，极大提高了金融服务的便捷性。此外，由于农村地区金融网点比较少、金融服务单一，不能有效满足用户的金融服务需要。数字普惠金融的发展能够很好地满足农村人口的金融服务需要，极大提高了农村金融服务质量。

乡村发展离不开金融尤其是数字普惠金融的支持。近年来，各地积极开展数字普惠金融在农村的应用与实践，取得了一定成效。例如，加大金融创新应用，解决产品缺乏问题；推广非现金支付工具等数字普惠金融技术创新产品，为农民提供足不出户金融服务；鼓励涉农金融机构提升大数据应用能力，丰富数字金融产品，完善对新型农业经营主体发展的数字信贷政策，加大数字信贷支持；创新普惠金融服务方式，建立"农村贫困金融服务信息平台"，实现与扶贫开发大数据管理平台信息系统对接，构建大数据应用生态体系。

77. "互联网＋"农产品出村进城工程对农民脱贫致富的积极影响有哪些？

2019 年 12 月，农业农村部、国家发展改革委、财政部、商务部联合印发《关于实施"互联网＋"农产品出村进城工程的指导意见》，指出，"互联网＋"与农业农村深度融合，对于促进农产品产销衔接、推动农业转型升级、帮助农民脱贫增收发挥了重要作用。

（1）**农产品物流运输更畅通**　农民朋友可以充分利用快递物流、邮政、供销合作社、益农信息社、电商服务站（点）等现有条件，进行农产品运输；冷链物流集散中心的建设，低温分拣加工、冷藏运输、冷库等设施设备的全面配备，强化了城市与乡村间配送终端冷藏的条件，销地与产地冷链衔接，使农产品生产、加工、运输、储存、销售等环节的全程冷链物流彻底打通；菜市场、社区菜店等农产品零售市场的建设改造，完善了末端销售网络；农产品物流技术的创新以及可循环使用的标准化包装的应用，提高了农产品包装保鲜性能。

（2）**农产品网络销售方式更多样**　随着县级农产品产业化运营主体的建立健全，牵头联合全产业链各环节市场主体、带动小农户，统筹组织开展优质特色农产品生产、加工、仓储、物流、品牌、认证等服务，加强供应链管理和品质把控，对接网络销售平台，积极开拓网络市场，提高了优质特色农产品的市场竞争能力。农民朋友可以综合利用线上线下渠道，积极探索多样化多层次的农产品网络销售模式，农产品上网经营、传统批发零售渠道网络化，通过优质的特色农产品网络展销平台，在县城、市区设立优质特色农产品直销中心，以优质优价的新销售模式销售各类农产品。

（3）农产品质量安全监管更严格 由农业农村部牵头负责督促网络食品交易第三方平台建立实施入网食品生产经营者审查登记、食品安全自查、食品安全违法行为制止及报告、严重违法行为平台停止服务、食品安全投诉举报处理等制度，督促入网食用农产品销售者严格落实质量安全主体责任，依法查处网络销售不符合食品安全标准的违法违规行为。农民朋友在农产品生产经营过程中要严格落实质量安全主体责任，加强对自身产地农产品质量安全检测和监督管理。

（4）农产品品牌建设更优良 农民朋友在生产经营过程中可以结合特色农产品优势区，积极探索利用网络传播新渠道，大力发展农产品区域公用品牌，以品牌化引领规模化生产、标准化管理和产业化经营，提高农业质量效益和市场竞争力。加强品牌监督管理，强化证后监管，提升优质特色农产品品牌影响力和市场占有率。

（5）网络应用技术培训更便捷 农民朋友可以充分利用农村互联网、手机应用、电子商务培训等现有公益培训资源，提升自身的信息技术、管理生产、网络销售等能力，让自己更快转型成为农产品网络销售实用人才。

78. 国家提出乡村振兴战略的主要任务有哪些?

党的十九大提出要实施乡村振兴战略，并将"产业兴旺、生态宜居、乡风文明、治理有效、生活富裕"作为战略实施的总要求。2018年9月，中共中央、国务院印发《乡村振兴战略规划（2018—2022年)》，对实施乡村振兴战略第一个五年工作作出具体部署，具体如下。

（1）以农业供给侧结构性改革为主线，促进乡村产业兴旺。坚持质量兴农、品牌强农，构建现代农业产业体系、生产体系、经营体系，推动乡村产业振兴。

（2）践行"绿水青山就是金山银山"的理念，促进乡村生态宜居。统筹山、水、林、田、湖、草系统治理，加快转变生产生活方式，推动乡村生态振兴。

（3）以社会主义核心价值观为引领，促进乡村乡风文明。传承发展乡村优秀传统文化，培育文明乡风、良好家风、淳朴民风，建设邻里守望、诚信重礼、勤俭节约的文明乡村，推动乡村文化振兴。

（4）以构建农村基层党组织为核心、自治法治德治"三治结合"的现代乡村社会治理体系为重点，促进乡村治理有效。把夯实基层基础作为固本之策，建立健全党委领导、政府负责、社会协同、公众参与、法治保障的现代乡村社会治理体制，推动乡村组织振兴，打造充满活力、和谐有序的善治乡村。

（5）以确保实现全面小康为目标，促进乡村生活富裕。加快补齐农村民生短板，让农民群众有更多实实在在的获得感、幸福感、安全感。

79. 农村互联网相关政策信息有哪些？

《中共中央 国务院关于深入推进农业供给侧结构性改革 加快培育农业农村发展新动能的若干意见》http://www.moa.gov.cn/ztzl/yhwj2018/yhwjhg/201802/t20180205_6136437.htm

《中共中央 国务院关于实施乡村振兴战略的意见》http://www.gov.cn/zhengce/2018-02/04/content_5263807.htm

《中共中央 国务院关于坚持农业农村优先发展做好"三农"工作的若干意见》http://www.gov.cn/zhengce/2019-02/19/content_5366917.htm

《中共中央 国务院关于抓好"三农"领域重点工作确保如期实现全面小康的意见》http://www.moa.gov.cn/ztzl/jj2020zyyhwj/2020zyyhwj/202002/t20200205_6336614.htm

《数字农业农村发展规划（2019—2025年）》http://www.gov.cn/zhengce/zhengceku/2020-01/20/content_5470944.htm

《中共中央 国务院关于建立健全城乡融合发展体制机制和政策体系的意见》http://www.gov.cn/zhengce/2019-05/05/content_5388880.htm

《关于促进小农户和现代农业发展有机衔接的意见》http://

www. gov. cn/zhengce/2019－02/21/content＿5367487. htm

《乡村振兴战略规划（2018—2022 年）》http：//www. gov. cn/zhengce/2018－09/26/content＿5325534. htm

《数字乡村发展战略纲要》http：//www. gov. cn/zhengce/2019－05/16/content＿5392269. htm

《第 44 次中国互联网络发展状况统计报告》http：//www. cac. gov. cn/2019－08/30/c＿1124938750. htm

《中华人民共和国电子商务法》http：//www. mofcom. gov. cn/article/zt＿dzswf/deptReport/201811/20181102808398. shtml

《关于金融服务乡村振兴的指导意见》http：//www. gov. cn/xinwen/2019－02/11/content＿5364842. htm

《农业农村部 国家发展改革委 财政部 商务部关于实施"互联网＋"农产品出村进城工程的指导意见》http：//www. moa. gov. cn/xw/bmdt/201912/t20191226＿6333954. htm

《商务部 农业部关于深化农商协作 大力发展农产品电子商务的通知》http：//www. moa. gov. cn/ztzl/qghlwjncblh/tongzhi/201711/t20171103＿5860736. htm

《关于开展 2018 年电子商务进农村综合示范工作的通知》http：//www.＿＿＿＿＿＿mofcom. gov. cn/article/h/redht/201805/20180502746624. shtml

《财政部办公厅 商务部办公厅 国务院扶贫办综合司关于开展 2019 年电子商务进农村综合示范工作的通知》http：//images. mofcom. gov. cn/scjss/201905/2019050711331566. pdf

《国务院办公厅关于深入开展消费扶贫助力打赢脱贫攻坚战的指导意见》http：//www. gov. cn/zhengce/content/2019－01/14/content＿5357723. htm

全国标准信息公共服务平台 http：//std. samr. gov. cn/

主要参考文献 MAINREFERENCES

李道亮，杨昊，2018. 农业物联网技术研究进展与发展趋势分析 [J]. 农业机械学报，49（1）：1-20.

李道亮，2018. 农业 4.0——即将到来的智能农业时代 [J]. 农学学报，8（1）：207-214.

刘云浩，2011. 物联网导论 [M]. 北京：科学出版社.

庞艳宾，2020. 数字普惠金融助力乡村振兴 [J]. 人民论坛（1）：98-99.

田娜，杨晓文，单东林，等，2019. 我国数字农业现状与展望 [J]. 中国农机化学报，40（4）：210-213.

王海宏，周卫红，李建龙，等，2016. 我国智慧农业研究的现状·问题与发展趋势 [J]. 安徽农业科学，44（17）：279-282.

王久波，2019. 辽宁省数字乡村建设现状、做法及面临的若干困境 [J]. 农业经济（9）：47、83.

武军，谢英丽，安丙俭，2013. 我国精准农业的研究现状与发展对策 [J]. 山东农业科学，45（9）：118-121.

杨建利，邢娇阳，2016. "互联网＋"与农业深度融合研究 [J]. 中国农业资源与区划，37（8）：191-197.

张新，陈兰生，赵俊，2015. 基于物联网技术的智慧农业大棚设计与应用 [J]. 中国农机化学报，36（5）：90-95.

周彩艳，2019. 基于数字乡村战略的福建农村特色生鲜农产品电子商务发展对策研究 [J]. 企业改革与管理（9）：52-54.

朱海洋，2019. 浙江：数字化赋能乡村振兴 [J]. 智慧中国（4）：85-87.